读爱术

人人都能走桃花运

[瑞典]亨利克·费克萨斯/著

冯杨/译

山西出版传媒集团
山西人民出版社

献给琳达

目录

前　　奏　　　　　　　　　　　　　　001
入　　戏　　　　　　　　　　　　　　001

第一章　正确的态度
拥有正确的态度，营造良好的气氛

No. 001	你有正确的态度吗？	003
No. 002	海里总是有更多的鱼	004
No. 003	控制别人的情绪	005
No. 004	如果生活给了你柠檬，那就做一杯柠檬水	006
No. 005	"不"不一定是针对你	007
No. 006	有时候你只是不适合他们	008
No. 007	一个绝对讨人厌的特点	009
No. 008	摆酷的人不是你的对手	010
No. 009	一个绝对讨人喜欢的特点	011
No. 010	表现得好像你们已经建立了联系	012
No. 011	让别人来做所有的事	013
No. 012	不要喝酒	014
No. 013	练习话家常	015

第二章 你的外表

你的外表告诉了人们你是谁以及你想要什么

No. 014　如果你注重内在，那么你的外在也是美丽的　019
No. 015　你的穿着传递出正确的信号了吗？　020
No. 016　你就是你，不是别人　021
No. 017　万一现在有什么人看到你呢　023
No. 018　穿得好，但不要不像你　024
No. 019　衣着就是你自己的预告　025
No. 020　像旅行袋一样鼓囊囊的钱包绝对不行　026
No. 021　每个男人都想发现一个秘密　027
No. 022　改善形象　028

第三章 先吸引对方，再和对方建立联系

怎样顺利地创造出刺激和趣味

No. 023　你的梦中情人就在这儿　031
No. 024　让别人上门来找你　032
No. 025　被别人看见　033
No. 026　你总是在被拿来和别人比较　034
No. 027　从别人的错误中汲取教训　035
No. 028　你就像你的朋友一样　036
No. 029　别人的故事也会投射出你自己　037
No. 030　不要只是作为朋友　038
No. 031　徒有其表是不够的　039

No. 032	吸引人的个性特征	040
No. 033	速成性感	041
No. 034	向他们证明你不是一个威胁	042
No. 035	只有你们俩知道的秘密	043
No. 036	从提小要求开始	044
No. 037	小心始料未及的影响	045
No. 038	让最难搞定的人对你好奇	046
No. 039	先让对方的朋友们喜欢你	047
No. 040	确保不让一个人落单	048
No. 041	赢得对方的好朋友	049
No. 042	弄清楚和她在一起的好朋友是不是她的男友	050
No. 043	没有人愿意显得随便	051
No. 044	调皮还是友好？	052
No. 045	你甚至还没有考虑它	053
No. 046	测试你们的身体反应	054
No. 047	直视"太阳"	055
No. 048	揶揄有吸引力的人	056
No. 049	得体地颠覆神像	057
No. 050	享受过程而不要在意结果	058
No. 051	你应该让别人感觉良好	059

第四章 可得性

怎样运用书中最老套的技巧来使自己更受欢迎

No. 052	不要被视为理所当然	063
No. 053	通过消失来让自己变得无法抗拒	064
No. 054	设定时间限制	065

No. 055	若即若离	066
No. 056	橡皮筋技巧	067
No. 057	进两步，退一步	068
No. 058	第二次约会的时间限制	069
No. 059	知道自己被耍了	070
No. 060	只在吸引阶段保持距离	071

第五章　展示你的价值
如何让对方珍惜你和你的陪伴

No. 061	别忘了展示你自己的价值	075
No. 062	你决定你自己的价值	076
No. 063	别人对你的印象会变成你自己	077
No. 064	免费饮料从来都不是好喝的	078
No. 065	你完全可以给约会对象买东西	079
No. 066	提出反要求	080
No. 067	邀请对方展示出他或她的价值	081
No. 068	玩猫捉老鼠的游戏	082
No. 069	让对方总是想起你	083
No. 070	对你投入情感就等于记得你	084
No. 071	不要有求必应地表演	085
No. 072	揭自己的短，显示自己是个有血有肉的人	086
No. 073	准备好女人的测试	087

第六章 你的身体语言
如何无需言语潜意识地影响别人并让别人知道你要什么

No. 074	如何接近某个人	091
No. 075	创造一个闪亮的登场	092
No. 076	怎样给予对方真正的安全感	093
No. 077	清晰地表达	094
No. 078	一次只和一个人调情	096
No. 079	利用我们的硬编码	097
No. 080	你的姿势显示了你的健康状况	098
No. 081	你的情绪也通过身体反映出来	099
No. 082	一开始就做到清晰	100
No. 083	不要自相矛盾	101
No. 084	在目光接触前微笑	102
No. 085	展示你们相像是很重要的	103
No. 086	绝不要用表示你难对付的姿势	104
No. 087	身体上的支配不等于性感	105
No. 088	拉开距离，看看对方是否跟进	106
No. 089	指出你想要的东西	107
No. 090	吸引他们的视线	108
No. 091	借由触摸变得更亲近	109
No. 092	触摸的幅度不要太大（一开始的时候）	110
No. 093	用身体语言发出邀请，以便让别人敢和你说话	111

第七章 别人的身体语言

如何解读和利用别人传递给你的无意识信号

No. 094	注意象征性的动作	115
No. 095	不由自主地触摸	116
No. 096	注意微表情	117
No. 097	打开交叉的双臂——最便捷的办法	118
No. 098	打开交叉的双臂——建立联系的办法	119
No. 099	辨别真笑和假笑	120
No. 100	脚和腿暴露了真正的兴趣所在	121
No. 101	悠然地跳舞,不要乱了舞步	122
No. 102	他们的眼睛在看你的嘴唇	123
No. 103	怎样阻止对方目光的游离	124
No. 104	注意混淆的信号	125
No. 105	观察他们是如何对待他人的	126
No. 106	不要急于下结论	127

第八章 眼睛

怎样运用你的眼睛来迅速激发强烈的情感

No. 107	目光交流要专一	131
No. 108	用你的眼睛表达你的感觉	132
No. 109	较长时间的眼神交流能促成更强烈的情感	133
No. 110	在说话的时候寻求目光接触	134
No. 111	唤醒爱的化学物质	135

No. 112　眨眼睛带来约会　　　　　　　　　　　　136
No. 113　让别人眨眼睛，使他们更加被你吸引　　　137

第九章　你的声音
怎样运用声音来使自己变得迷人有趣

No. 114　确保你们的语速一致　　　　　　　　　141
No. 115　仔细听对方的语调和词汇　　　　　　　142
No. 116　听听你自己说话的样子　　　　　　　　143
No. 117　做一个积极的倾听者——并表现出来　　144
No. 118　在说话时有所停顿　　　　　　　　　　145

第十章　和你不认识的人说话
如何开始并保持有趣的对话

No. 119　从你所处的情境说起　　　　　　　　　149
No. 120　让对方发现你的艺术　　　　　　　　　150
No. 121　为你的接近找一个借口　　　　　　　　151
No. 122　话家常只持续45秒钟　　　　　　　　　152
No. 123　说出个人的赞美　　　　　　　　　　　153
No. 124　不要说事实，要说体验　　　　　　　　154
No. 125　男性交流风格和女性交流风格　　　　　155
No. 126　确定你有话可说　　　　　　　　　　　156
No. 127　用亲密来奖赏对方展现的价值　　　　　157
No. 128　不要啰嗦冗长　　　　　　　　　　　　158

No.	标题	页码
No. 129	不要谈论工作	159
No. 130	不要说"不"	160
No. 131	调整节奏来获得你想要的	161
No. 132	呼唤名字（避免使用"我"这个词）	162
No. 133	我们喜欢有趣的人	163
No. 134	谈论你的体验	164
No. 135	询问开放性的问题	165
No. 136	记住，等对方回答	166
No. 137	在倾听中寻找线索	167
No. 138	攀登珠穆朗玛峰？我也是	168
No. 139	打破规则通过测试	169
No. 140	借由暗示来保持吸引力	170
No. 141	植入性画面，然后将其一笑了之	171
No. 142	专注于对方想要的	172
No. 143	查证你们的关系	173
No. 144	让对方知道你的意图	174
No. 145	喜欢那些喜欢我们的人	175
No. 146	确定你在群体中的地位	176
No. 147	先诱惑群体	177

第十一章　神奇的电话号码

怎样拿到对方的电话号码,拿到了以后又该怎么做

No. 148	给出，你就会得到	181
No. 149	写下来变得更真实	182
No. 150	你需要一个理由来打电话	183
No. 151	选项：交换手机号码	184

No. 152	递名片	185
No. 153	不要在得到电话号码后马上离开	186
No. 154	多久打一次电话	187
No. 155	在电话里说什么	188
No. 156	不要让其他事物来分散她的注意力	189
No. 157	打手机的好行为和坏行为	190

第十二章 约 会

在约会时怎样表现以及最终交上好运时该做什么

No. 158	不要优柔寡断	193
No. 159	不要请求约会,而要建议约会	194
No. 160	午餐时间的限制	195
No. 161	美妙约会的诀窍	196
No. 162	不要谈论钱	197
No. 163	小而体贴的礼物胜过大而昂贵的礼物	198
No. 164	不要过早送私人性质的礼物	199
No. 165	你的行为影响你的情感	200
No. 166	第一次接吻	201
No. 167	通过触摸逐渐升级	202
No. 168	对勇敢者的重要提示	203

结 束	205

前　　奏

　　这本书是为现代的男人和女人写的。以往的老观念认为，男女关系应该总是由男人采取主动，也因此，几乎所有这方面的话题都是指向男人的。然而，正如任何一个女人都知道的，当一个男人采取行动时，通常都是因为在那之前的半个小时内她已经借由眉目传情之类的身体语言发出了信号。

　　其实，女人和男人一样有渴望，只不过她们更善于掩饰罢了。但是，本书一些技巧是专门适用于男性读者的，因为在有些地方，我们男人得到的提示比女人少，因而需要有一些额外的提示。本书其他技巧则适用于所有的读者，不论男女。我通篇都使用了异性恋的例子，当然，同性恋的情况也一样适用。在所有的情爱关系中，我们基本的人性需要都是相同的，不论我们的性取向如何，我们都被对他人的渴望驱动着。如果因为我选择从异性恋的角度来写本书而冒犯了什么人，那么我表示抱歉。我只是为了让本书更容易被理解才选择这样的写作角度。在有的技巧中，我把你渴望的对象描述为"他"，而在有的技巧中，我则使用了"她"，请不要把这一做法视为我在暗示这些技巧有性别指向，只适用于男人或女人，它们其实适用于任何性别。我大量混用了"他"和"她"，你可以随意把这个词替换成其他词，或者替换成你喜欢的人的名字。

入　戏

欢迎大家！在过去几年里，很多忐忑不安的人找到了新的平衡，这得感谢我的两本书《读心术》和《读心术实战篇：做我想让你做的，想我想让你想的》，它们主要介绍了如何解读其他人的身体语言，以及如何用不同的方式影响他人。在这两本朴实的作品中，我提供了大量的例子，从日常生活中的身体语言是如何起作用的，到政治宣传口号是如何操纵人们的心理的。我尽量使这两本书达到详尽无遗，但仍然会有读过（或听说过）我的书的人问我同样的问题。

陌生人会在街上拦住我，我和朋友出去吃饭时也会有人坐到桌边来，而记者们甚至会在关闭录音机以后神神秘秘地斜靠过来。不论是年轻人还是老人，不论是男人还是女人，他们都想知道一件事：

我能用你写的那些技巧来邂逅艳遇吗？

一些人则会说"勾上谁"或者"让某人对他/她感兴趣"之类的话，但他们的意思基本都一样。有时候，他们只是泛泛地问这个问题，但有时候他们指的是当时就在附近的某个人（"现在别看，就是在吧台右边的那个女孩儿。我接下来该怎么做？"）在一次又一次被问了同样的问题两年以后，我意识到这显然是很多人很多时候都在想的问题。我也意识到，我可以谦恭地回答这个问题：

可以，你可以这么做。

当然，本书不会全部用来讲这种故事，但它是一个很好的开头。在后面的内容中，我为你收集了一些绝对不是胡说八道的实用技巧，供你想和别人展开艳遇时使用。不要以为有些技巧太简短，或者看起来太陈腐，或者似乎和常识相违背，即使是其中最简单的技巧都是以心理和生理机制的巧妙运用为基础。为避免离题太远而陷入理论化，我尽量以清晰简要的方式来表达，因为我猜你可能已经迫不及待地想得到这些好技巧了。我们所说的交好运，指的都是运用这些技巧而得到的好结果。

有的技巧可能比你一开始想象的更有效，但有的技巧可能没那么有效。有的技巧可以为你带来预期的好结果，但有的技巧需要你稍加调整以适合你的个性。我们各不相同，你与众不同的个性会影响你如何使用这些技巧。这是整个重点所在。

这是一本你可以自由自在浏览的书，你可以随自己的喜欢这儿读一点儿、那儿读一点儿。然而，当你采取行动时却只能遵循特定的顺序：**如果你想邂逅艳遇，你首先得创造强烈的吸引力。接着，你得在保持吸引力的同时和对方建立起某种联系。只有当这两样同时存在时，才能产生诱惑。**如果你是以从头读到尾的顺序来读本书的话，你会越来越了解其中的过程和诀窍，但正如我说过的，你也不必非得这么做。本书不是一本指导手册，它也不能替代你自己的个人魅力。你可以把本书当做一个在你不知道如何主动打开话匣子时在你耳边悄声提出建议的朋友。

我在这里还得添加一个警示：我无法帮助你坠入爱河，无法告诉你如何去寻找你的真命天子，也不会告诉你如何让婚姻常年保鲜。其他一些书可以在这些方面做得更好。

本书旨在告诉你如何掌握与人调情的艺术，你如何通过读出对方的身体语言来探知对方想和你做什么，如何运用你自己的身体语言来使自己看起来更有吸引力，如何改变你的态度来让自己采取主动，一旦你做了这些后，你该说些什么，怎样才能使你们的关系更进一步——如果那是你想要的。

我写的这些方法技巧经常涉及如何更善于管理和控制你和其他人的相互行为。你可以单独使用这些技巧，也可以把它们和其他技巧混在一起使用。它们本身就是非常有价值的社交技巧，但是不要误以为其中一些技巧由于比较微妙而缺乏效力，一旦你使用了它们，你就能朝着自己的目标推进到下一步。

我说过，我不能帮你找到你人生的真爱，但是我可以帮你大大拓展你的选择范围，并在选择过程中体验到更多的乐趣。

此外，调情是很有趣的。调情意味着对其他人感兴趣。调情充满了历险、玩乐、魅力、温暖、友好、热辣和受欢迎。好的调情也能让别人感觉良好。这些技巧可以为你的爱情生活和恋爱关系带来戏剧性的变化。如果你一直很难交上桃花运,本书可以为你提供一系列工具来改变这一状况。唯一的问题就是你首先得做一件看起来很难的事:你必须改变你的行为。可能一开始,这让你觉得不自然和被强迫,因为你要做一些你不习惯去做的事情。但是,当你注意到所取得的效果时,你就会很快忘掉你以前用过的所有那些老套的、低效的方法。每次外出时用上本书提供的三四个甚至五个小技巧,你的世界就会变得比以往任何时候都令人兴奋!

第一章

正确的态度

拥有正确的态度,营造良好的气氛

No. 001
你有正确的态度吗？

你的态度至关重要，这既包括你对自己的态度，也包括你对结交令人兴奋的新朋友的态度。你的态度会完全影响别人怎么看你以及怎么对待你。幸运的是，你可以选择你的态度，就像选择你的外衣那样容易。（实际上，它甚至更容易，因为每天挑选要穿什么衣服似乎让很多生性敏感的人头疼。）因此，看看你的精神衣橱，为自己选一个合适的态度吧。通过各种不同的态度，你既可以向人们表示你有些不安和害羞，也可以显得比任何人都精于此道；或者，你还可以表明你是一个充满自信、平易近人的有趣伙伴，此刻已准备好和他们在一起。

你瞧，你的态度不仅仅在于你自身，它还会传染给其他人。它不只影响你自己的行为，也影响和你讲话的人的行为。如果你是快乐积极的，那么和你在一起的人也更容易高兴起来并敞开心怀，而这会使他们喜欢和你待在一起。另一方面，如果你表现得不安和沉默，那你就会拖累你身边的人，使他们产生焦虑，这样的态度永远也不可能使你成为魅力王子或者舞会女王。因此，用心培养和表现你身上有趣的地方，你有这样的地方。营造出正确的气氛，你也会得到你想要的回应。

> **额外提示**
>
> 如果你追求深沉神秘、很难接近的形象，或者像写词并演唱的歌手那种忧郁多思的风格，同样的法则也能适用。想一想吧，那样的人有时也能引人注目，因为忧郁深沉有时候看起来也有魅力，但长久相处下去，那样的人能多有趣呢？况且，一旦碰到什么让他们禁不住失声大笑的事情，他们一贯矜持的自我形象就毁于一旦了。

No. 002
海里总是有更多的鱼

女人们总是说好男人很难找，而男人们总是说好女人很难找。但实际上，你只要走出去，就会发现好男人、好女人到处都是。问题在于，当我们看到令我们心仪的某个人时，世界的其他部分都不存在了，我们过于投入到那个人身上，甚至觉得自己的整个存在都取决于那个人喜不喜欢我们。如果他们拒绝了我们，我们就会陷于悲惨的境地，我们将蜷缩着舔伤口而拒绝出门。当你发现某个人像太阳般耀眼时，千万不要因此而变得盲目。不论这个人最后和你的结果怎么样，世界依然在转。如果邂逅的地点在一家书店里，那是因为你在寻找一本书。如果你在吃晚餐或在酒吧，那是因为你和你的朋友在一起。如果你正在上课，那是因为你正在学世界语。而其他所发生的一切都构成了你的情境。这是你需要记住的重要一点！

让我们假设，你突然碰见了一个让你惊为天人的人，不要把与之会面作为你当晚的主要议程，那会使事情变得过于严肃。你会变得完全沉浸在对方说了些什么，结果自己却一个字也说不出来。

永远不要把和风趣有魅力的陌生人讲话作为你行动的目标。你应当把焦点集中在你的朋友身上、你要找的那本书身上，或者你要学习的字母表上（世界语真是难学）。一旦你的思维进入到**那种**模式，你就会发现能否和你感兴趣的那个人谈话不再占据你的心神。要是他想和你说话，当然再好不过，要是他对你不感兴趣，也没关系，因为你又不是为了和他讲话才出现在那儿的，而你也可以把注意力转回到你刚才正在做的事情上去。这种思维模式会使你在接近某人的时候更放松，而不会显得紧张兮兮。你可以是那个风趣、令人愉快的真正的你，因为你有**正确的态度**。

No. 003
控制别人的情绪

人们总会对别人加诸在自己身上的情感做出反应。我们经常误以为可以把自己的情感控制在自身范围内，但人类的进化已经决定了你的情感状态依然向别人传递出如同你自己感受到的那么强烈的信息。对情感做出反应的能力帮助我们适应环境。我们可以避开那些看起来有意发生冲突的人，因为他们威胁性的表情激发了我们体内肾上腺素的上升，使我们以更快的速度跑开。我们能够照顾那些不如我们心情好的人，当他们让我们知道他们需要帮助时，我们也能体会得到。而那 10 个陷入流沙被淹没的人则唤醒了我们的同情，他们脸上恐慌的表情使我们也充满了恐惧，从而意识到这个地方不适合建立村庄。

这里基本的一点就是：情感状态是能够感染别人的。

情感状态就是一系列你通过身体语言、语音语调和语言词汇传达出来的感觉。当你愤怒时，你看起来很愤怒、听起来很愤怒，并且使用了愤怒的语言。当你悠游自在时，你看起来正在享受乐趣、听起来正在享受乐趣，而且使用了有趣的语言。热情、性感、悲伤，或者其他任何一种情感也是一样的道理。

这是一件好事，也是一件坏事。它意味着当你处于负面情绪时，你能让周围的人都振奋不起来，使他们最终也产生了坏情绪。反之，如果你很高兴，你也能使周围的人开心。因此，运用你的能力来影响别人，确保你在有意识地把积极的情感传递给别人，用这种方式来控制他们的情绪！如果你觉得这不太光明正大，那就告诉我，帮助别人改善他们的情绪怎么会是一件坏事呢？

No. 004
如果生活给了你柠檬，那就做一杯柠檬水

　　一旦有了正确的态度，那么别人对你反应如何都无关紧要了，你甚至还可以把不好的反应转变成一件好事，把过去本来可以毁掉你的恶评转变成某种积极的因素。不要把别人对你的拒绝想成是一种挫折，要把它想成是一种出乎意料的反馈。如果有人在口头上耍弄取笑你，而不是积极回应你，那你就给他们一个大大的微笑，并由衷地说："噢！这是我今天听到的最好的取笑了。那么！你介意我将来借用它吗？"通常，看到自己的话语并未把你打垮，你毫不在乎，那么对方就会改变他的态度并放松下来。拒绝你可能只是一些厌倦了被可恶家伙纠缠的人采取的一种防御性反应。他怎么能一开始就知道你不是一个可恶的家伙呢？

　　有时候，令人讨厌的拒绝甚至还能被转变成热烈的响应，但这种事不一定总能发生。知道什么时候该放弃和知道什么时候该争取一样重要。不要被别人的拒绝打败，但要选好你的战利品。

No. 005

"不"不一定是针对你

如果一个你不认识的女人或男人拒绝了你,那并不意味着你这个人被人家看扁了。别人拒绝你可能因为很多原因,这些原因不一定和你有关。

也许你不符合她的口味,也许她刚刚跟她的男友吵了一架,也许她今天心情不好。事实上,当你鼓起勇气对她说"你好"时,你完全不知道她此时此刻的生活正在发生什么。把别人对你的当面拒绝看做是你自己的错是完全没必要的,也是愚蠢的,这种想法十分孩子气,也过于以自我为中心。

不要把别人的拒绝当做是针对你个人的。那只不过是一个陌生人的态度,你完全不必为此困扰。他刚刚在3秒钟前认识你,完全不可能公正地评判你。只有你的朋友和家人才可能给予你公正的评判。

No. 006
有时候你只是不适合他们

有时候，你会面临一些直接针对你的拒绝。但即使到那时候，你也不必太过介意。不论对方是你刚刚在沃尔玛认识几分钟的人，还是交往了半年的人，这条原则都适用。为了找到适合自己的人，我们必须反复尝试。当你去买家具时，你并不会买下第一眼看到的沙发。你会试一试，坐到上面或躺到上面，然后回家，之后第二天又去看。你在反复地试验和选择。

对于交往的人也是如此。我们不可能适合每一个人。有时候我们会立刻意识到这一点，有时候要花些时间才能意识到这一点，但是我们必须反复地尝试。我们坐下、躺下、再躺下，只是为了确认这是不是我们想要的。同样，在最终下决心之前，我们也可能和同一个人一而再再而三地分分合合。

如果你被甩了，那并不意味着你一直在和一个麻木不仁的白痴约会，可能只是你这个沙发不适合放在他家的客厅而已。

No. 007
一个绝对讨人厌的特点

有一个行为特点是我们大部分人都不能忍受的,你应该不惜一切地避免表现出这样的特点。如果我们在初次见面的人身上感觉到这个特点,我们会尽快地摆脱掉他。遗憾的是,我们往往很容易不小心表现出这样的行为特点,尤其是在渴望别人喜欢我们的时候。当某个人**过于做作**的时候,大部分人都会产生反感。一定不要做这样的事。不要笑得太用力以致脸颊都疼起来,不要每分每秒都神经兮兮地表现出风趣,不要过于礼貌客气,也永远不要故意表现得狂妄自大或妄自菲薄。

不要太做作。

对他说的每句话都报以笑声,并不会让他对你更感兴趣。相反,你还有被他认为该住精神病院的危险。同样,如果你在谈话过程中不断向她解释这是怎么运行的,那是怎么回事,也不会起什么作用,你就算做对了地球上所有的测验,对她来说都无关紧要。你能亲吻她的红唇的机会是非常非常小的。当然,你应该微笑,尽量地礼貌,但最重要的是你必须保持自然。如果他所说的没有让你觉得好笑,那就不要笑。你也无需一路上为她打开所有的门,让她先过,我的意思是说,你不必总是那么做。

我敢说你一定碰到过这样的人,他们在别人说话的时候一个劲儿地傻笑,或者无所不知到令你头大。你还记得他们没过一会儿就令你觉得皮肤上像有虫子在爬、浑身不自在的感觉吗?因为他们刚刚营造出了令人不安、气恼的气氛,他们运用了不正确的态度。你千万不要像他们那样。

No. 008
摆酷的人不是你的对手

突然,她吸引了你的注意力,你刚刚认识的她使你这一天都变成了一种冒险。你当然想要吸引她注意你。在这种情况下,你很容易把你周围的人视为竞争者。当她和她的朋友而不是和你说话时,她的朋友变成了你吸引她注意力的对手。而且,如果你不够自信的话,你还很容易觉得那些比你酷的人都是你强大的竞争对手。为什么她和他们说话却不转过身来和你说话呢?

这绝对是老套的胡说八道。记住,你到那里的最初原因是什么。不论你在什么地方邂逅了这个令人着迷的人,别忘了你到那里的原本目的是在高尔夫球场上赛过你的同事,或者和一个朋友一起喝咖啡,或者在一个下雨的星期天找一些好看的杂志,或者去你喜欢的酒吧男招待那里喝一杯,或者其他任何事情。毕竟,那才是你在那里要做的事情。也许你恰巧是一个喜欢外出的人,喜欢结交各种有趣的人,你只不过偶然到了那里……你知道,人群中某个角落里被你视为竞争对手的那些人其实都在忙于炫耀自己、吸引别人的注意。让他们待在那儿自我欣赏吧,那足以让他们沉浸其中甚至没有留意到自己错过了有趣的事情。(我最喜欢的就是当小伙子们以为在室内戴墨镜会使他们显得很酷的时候。OK,我至少认识一个觉得这样很酷的女孩,但那并不意味着她会因此而去和他们说话。当你想和某个人调情或开始聊天时,最重要的事情之一就是眉目传情,但戴着墨镜如何能眉目传情呢?)

你到那里是为了找乐子的,如果其他人都试着摆酷,那么你赢定了。

No. 009
一个绝对讨人喜欢的特点

当然,做一个有趣的人是很重要的。你得有令人兴奋的、独一无二的、能让你有勇气和别人分享的个人经历。不然的话,和你谈话就没什么意思。但是不要为了让别人更喜欢你而把自己变得有趣,那只会导致"过于做作"。你之所以和别人分享你的个人经历,是因为你想让身边的人感到舒服自在,你想让他们放松到足以讲出他们自己的笑话和故事。有趣的是,让别人觉得你魅力非凡的最好方式,就是让他们谈论他们自己,这也意味着你在创建个人联系。如果你还想在后面有进一步的发展的话,这绝对必要。

No. 010
表现得好像你们已经建立了联系

当你想和你喜欢的人有进一步发展时，有一个好诀窍可以让你有正确的态度。假设你已经和那个人展开了浪漫的恋爱关系，并且已经通过了很多"我们在一起或者我们不在一起"的考验，你会做些什么来深入发展到肉体关系呢？你会怎样让彼此采取行动呢？你也许希望对方放松、享受、有趣和投入，就像你自己那样。你也许不希望你们的对话存在紧张、不坦诚或充满了不舒服的暗示，就像你弄错了事情时极易陷入的状态那样。因此，最好是让对方进入一种觉得你们俩在一起很自然很有趣的精神状态。通过你自己的行为来向她展示怎么做，这会让她以相同的方式回应你。

No. 011
让别人来做所有的事

如果你很容易相处、快乐积极、善于社交，那么你就是那种人人都想和你交往的人，因为和你在一起有说不完的乐趣。即使是不认识你的人也会发现你是受人喜欢的人，因为他们会看到你的朋友对你的反应。

这样的行为方式使你更容易结识新朋友并与之交往。这都建立在叫做社交识别机制的基础上，这个机制是这样的：如果你是别人喜欢和你在一起的那种人，你就变成了让别人仰望的人，因为你具备大家所欣赏的优点。这意味着人们会潜意识地想要更喜欢你，因而会努力和你建立联系，于是，他们会为你做所有的事！

我得澄清一点：如果我发现你有一个受人喜爱的特点，我就会尊敬你；如果我尊敬你，我就会想和你建立联系，这部分是因为我喜欢你的为人，部分是因为我潜意识地希望别人像看待你那样看待我。我们在潜意识里和那些毫不害羞地迷恋流行乐队并想与之发生性关系的女发烧友一样。对你来说，这意味着：如果你有正确的态度，又有乐观开朗、善于社交的个性特点，那么你甚至已经在自我介绍之前就奠定了能和某人发生关系的基础。

No. 012
不要喝酒

　　我在这里给那些想在酒吧里寻找艳遇的人一个小提示：远离酒精，或者尽量喝得很少。你会发现此举能大为增进你在别人眼里的吸引力，并激发他们对你的兴趣。酒精（哪怕只有少量）会使你的感觉变迟钝。当你和朋友们在一起的时候，这倒不是什么问题，但如果你是在和一个想与之发生艳遇的陌生人谈话，酒精就会给你带来麻烦。

　　很可能在喝了一两杯之后，你就已经错过了谈话对方发送出来的微小但很重要的信号。这些信号通常是语音语调或身体语言的微妙变化，是你所渴望的对象自身都没有意识到的东西。而你对这些信号的反应对你们之间能否成功至关重要。只要及时注意到的话，即使是负面的信号也有可能被转化，但如果错过了这些信号，那你就只能嚼着酒杯里的冰块，准备迎接即将受到的冷落了。

　　在和某个人调情之前喝几杯是最常见的错误，你要么会在第二天埋怨自己喝了酒，要么会后悔自己只不过是酒后之勇。勇气固然是好的，但是酒精绝不是帮助你消除焦虑、勇往直前的最好办法。如果你不是一个天生的诱惑专家，那么三瓶啤酒下肚足以确保你今晚会独自一人回家。

No. 013
练习话家常

你是不是曾经嫉妒地望着那些能够轻松自如地和每个人话家常的人，而你自己却只能独自一人缩在角落里？你是不是想过如果你能多像他们一点，一切就会变得更顺利，而你也能得到大家的喜欢？你知道吗？你不必像他们。完全没有必要。我们都是各不相同的人，有的人极其外向，有的人则不是。你无法超越你对自己的感知而变得和别人相似。

如果你已经花了一辈子来告诉自己你是个害羞的人，那么要你改头换面实在是勉为其难。但从某种意义上你也能做到，而且不需要你变成一个像别人那样的社交天才。正如我说过的，我们都是各不相同的人。但现在，你应该考虑一下你以前对自己的看法是不是有用，并从给自己贴一个更为积极的标签做起：你不是一个**害羞**的人，你只是比较谨慎，或者你只是觉得在了解一个陌生人喜欢什么之前，最好和他保持一点距离。当你的外出次数变得更多时，这也是一种仍然可以保留的态度。你可以继续谨慎或有所保留，但不要像以前那么强烈就可以了。

向自己承诺每天至少练习15分钟的拉家常，比如，给朋友打电话，在街角商店和收银女孩聊聊天，和一个不太熟的同事或同学一起喝咖啡，参加一些学习课程，认识新的朋友。你做得越多，就变得越容易。"我没时间"不是个理由，15分钟并不长。从今天开始就练习吧！

第二章

你的外表

你的外表告诉了人们你是谁以及你想要什么

No. 014
如果你注重内在，那么你的外在也是美丽的

　　这里有一条好消息：你无需看起来像好莱坞影星那样令万众着迷。那句老话说得好：情人眼里出西施。尽管杂志和电视总是教我们迷人就是要像布拉德·皮特那样，但说到底，对于美，每个人心中都有不同的看法。不过，当我们觉得某个人是迷人还是讨厌时，都有一个共同点，那就是，我们喜欢、欣赏和崇拜的人总是比那些我们不喜欢的人更有吸引力。即便是初次见面感觉平平的人，一旦我们意识到他们其实很酷之后，他们在我们眼里也会变得更有吸引力、更性感。当我们对某个人的个性产生良好印象时，他对我们的身体吸引力也会增加。

　　想一想吧，可能有个你认识的人，你一开始认识她时觉得她一般，但是现在你却以和她约会而感到自豪，因为你觉得她其实很酷。要不是她已经名花有主的话（或者因为你胆小和不知道该做什么而放弃了），你甚至可能会认真地和她谈一场恋爱。因此，如果你对自己的外表不满意，不要太过在意你在镜子里的形象。因为各花入各眼，看起来更美的最好办法不是去把头发染成金色或者修剪你的胡子。当你想改善自己在别人眼中的形象时，最重要的事情是向他们展示你美好的、有趣的个性！这也比去购买健身卡塑造体型便宜多了。

No. 015
你的穿着传递出正确的信号了吗？

第一次和你见面的人一般都通过你的外表来判断你。你得原谅他们，但是在你开始说话让他们认识到你是个多么不错的人之前，他们也没有别的选择，不是吗？这意味着你的穿着至关重要。你的衣着是你展现给他人的形象的一大组成部分，至少在第一印象中如此。（或者也可以说，你不穿什么也构成了你形象的一部分，无论如何你都避免不了这个问题！）

但这是件好事，因为这意味着如果你觉得自己长相一般或者低于平均水平（假设这能够量化的话），你可以通过恰当的衣着来使自己的外表在平均水平之上。如果你恰巧善于穿衣打扮，那么你甚至可以把自己变成一个大美人。穿得好一些吧。不错，这是很肤浅，但我们所穿的衣服就是我们的外表，而我们的外表怎样在很大程度上取决于我们穿什么。衣着有如此的影响力并不是我的错，而是由于人们太懒，他们宁愿靠一些简单的符号和规则来判断别人。在郊区，我们可以穿粗斜纹棉布，但在商业中心，我们就得打领带。这使得生活变得简单易懂。

你的衣着告诉了别人你是谁，你的价值观是什么，你有多在意时尚和你自己的外表，以及你有多喜欢展现自己的性感。因此，你的穿着应该体现出你的风格。即使你不在乎穿什么，那也能说明你的很多东西。确保你的穿着传达出的信息与你想要别人如何看待你相符合。

No.016
你就是你,不是别人

记住,有点与众不同是一件好事,没有人愿意被淹没在人群之中。如果你和你的朋友一样穿一件上面印着莫特里·克鲁乐队①肖像的T恤衫,那就没什么可以把你和他们区别开来,别人又为什么会特别选中你呢?避免穿和别人一样的制服,包括非正式的制服,比如那件T恤衫,也包括华尔街人人都打的那种领带。(除非你恰巧是个官员、军人或者护士,真的得穿制服……那可是非常酷的!你可以经常穿,随你喜欢!)

向别人展示你是独一无二的。想一想,是不是有一些陈词滥调说你的穿着应该符合哪一类?是不是每个在办公室的人都穿着水手服?任何一个群体都有着穿衣规则,不论他们是学生、银行职员还是艺术家。如果你有胆的话,就应该打破这些规则,那样做绝对能使你焕然一新。瑞典律师詹斯·拉皮图斯在从事律师工作时穿得和他的同事们都差不多,没什么新奇可言。但是,在他作为作家时,他却被公认为是穿衣模范。实际上,他穿的是同样的衣服。穿着LRG②的银行职员或者穿着Hugo Boss③的艺术家总是比他们穿着制服或者土耳其式长衫的同事们显得更有魅力。

当然,这不是说,你应该穿一些品牌服装。但是一定要展现出你有趣的一面,并通过穿着来塑造那个形象。你的穿着应该帮助别人如你所愿地那样看待你。但重要的一点是,你不论穿什么都应该符合你的性

---

① Motley Crue,莫特里·克鲁乐队,美国著名的老牌流行重金属乐队,以宣扬"性,毒品和摇滚乐"精神而闻名于世。——译者注

② LRG男装,当今美国大红大紫的Hip-Hop顶尖品牌。国外很多影视艺人、说唱明星、体育明星、滑板冲浪顶尖高手等都是它的忠实顾客,因其价格偏贵,也成为拥有它的人炫耀的资本。——译者注

③ Hugo Boss,世界知名奢侈品牌,源于德国,专事出品世界顶级的高品质男装。——译者注

格。如果你穿了一件夸张的裙子或上衣，你应该穿得好像那是世界上最自然的事。如果你没有做到这一点的话，你就会显得画虎不成反类犬。打破规则，向人们展示你是谁，你是独一无二的。只戴着一顶滑稽的帽子并不能帮你交上好运。

No. 017
万一现在有什么人看到你呢

  每次出门都确保自己尽可能地看起来最好。这并不是说要你出门前在镜子面前花两个小时来选衣服,而是希望你应该尽可能地在每次外出时都穿得有吸引力。

  这里有一条经验法则:如果你碰上了一个多年未见的老朋友,你应该希望自己看起来不错,而不是想"噢,为什么是现在碰上呢?我还没刷牙,甚至还没穿上裤子呢。"因为就像他们说的,你永远也不知道出门时会碰上谁,我们的穿着总是会给别人留下第一印象。

  以上经验法则不仅仅对别人好,对你影响也很大。得体的穿着使你比平时穿着皱巴巴的牛仔、T恤逛音像店的时候感觉更好,而你的感觉将影响你的行为,从而也影响别人对你的回应。至少我就认识一个广播节目主持人,每次节目播出前她都要好好地整装一番,以便让自己进入良好的情绪状态。尽管听众们看不见她,但大家可以听出她的情绪。所有的人也能在你身上注意到这一点。

No. 018
穿得好，但不要不像你

衣着和其他任何一种包装一样，包装越好看，我们就越觉得包装里的东西好（甚至在打开包装前就这样）。最近的苹果电脑、DKNY香水都是这样，你也是这样。你穿得越好看，别人就越可能对你另眼相看。虽然这有点不公平，因为这种肤浅的事情却如此重要，但世界就是这样。

但这并不意味着你应该穿那种让自己不舒服的服装，不论今天下午有多少人说你穿得很漂亮。你仍然应该通过你的衣着展现真实的自己。如果你不喜欢自己所穿的衣服，那么你想对其留下好印象的那个女孩一定会察觉出来你不舒服，而这会传染的，接着，她也会觉得和你在一起有点不自在，不论你穿得有多好。可可·香奈儿说得最好："穿得破烂，他们会记住你的衣服；穿得完美，他们会记住你的人。"

No. 019
衣着就是你自己的预告

想一想你希望强调和突出自己个性中的哪一部分，你什么地方是最令人兴奋的？是什么使你独一无二？继续下去，继续奉承自己。一旦你找到了答案，就想一想你今天穿的衣服适合展现你最迷人的那部分吗？你怎样才能把它带到聚光灯下面呢？

再照一照镜子，看看你今天的外表。现在，你得诚实地面对你自己了。我不是要你看看自己离媒体竭力诱导大家追求的美貌有多远。芭比娃娃、KEN娃娃和你的区别在于，前两者都是塑料做的。由于我们的体型各不相同，有些衣服穿在你身上比穿在别人身上好看。一定要确保你展现的形象符合你的体型。我永远不可能穿得像个巨型的壮汉，不论我觉得那多有男子气概。

放大、澄清、奉承你自己。确保你的衣着展现了真正的你，你内心深处希望成为的那个你。

No. 020
像旅行袋一样鼓囊囊的钱包绝对不行

你永远可以穿最好的外衣,但如果你是个女人,钱包里装的东西比古埃及墓里的宝藏还要多,那么你很有可能把所有的垃圾都一股脑儿地装进去了。看一眼你的钱包,看看里面究竟有些什么东西。如果你只是到市中心喝一杯咖啡,看一个展览,出门找点儿乐子,或者只是在你新约会男友的住处附近闲逛,那么你钱包里只需放三样东西:一些零钱、一张信用卡、一张驾照或身份证。仅此而已。

装满了收据、便条、其他人的名片、优惠券、加油卡和俱乐部会员卡的钱包会鼓得不像样,与你的衣服搭配很不协调。只带你需要的东西,把其他东西留在家里。

额外提示

老实说,你的钥匙环上套了多少把钥匙?你可能最多需要三把钥匙。也许比那还少。再次强调:只带你需要的东西。我敢打赌,你随身还带着一些你也记不清什么时候有过的钥匙,或者相匹配的锁已经不见了,或坏了的钥匙。把这些钥匙扔掉,把其余的留在家里,直到你真的需要拿钥匙去地下室打开那些陈年老锁。

No. 021
每个男人都想发现一个秘密

男人喜欢神秘和秘密。如果你是个女人，想让我们男人为你痴狂，你就得有一个秘密。创造一个秘密的好办法就是利用你穿的衣服。当然，紧绷绷的牛仔裤和低胸裙子可以引起男人的无限遐想，但这些效果都很短暂。很快，我们就会看到你有什么并失去兴趣。我们为什么在5秒钟后看到你有了什么之后还要和你黏在一块儿呢？如果你想让男人对你的兴趣持久一些，穿一件前面比较保守的衣服可能比性感低胸的衣服更有效，因为当男人看到你转身露出全裸的后背时，会大为惊喜！一件开衩的长裙富于各种各样的暗示，它比那些超短裙更富于挑逗意味。

正如我刚刚说过的，富于曲线美的衣服会吸引你的注意力，如果你喜欢那种类型的话。但是这样的衣服展现得过多，从而吸引力不足，它们最能吸引那些血气方刚的毛头小伙子。如果你想吸引的是成熟男人，你就应该有所保留，不要让他们看到全部。让我们看到那是什么，但保留你的秘密，让我们自己来发现那个秘密。这听起来有些费事儿，但实际上和你抚弄头发假装要让自己更舒服，从而让你后面的男人偷瞄一眼你裸露的脖子一样简单。

啧啧！

No. 022

改善形象

　　尽管在与人见面时，外表很重要，但见面几分钟后，外表的重要性就开始递减。最终使别人迷恋你的是你的个性，而不是你穿的衣服，人们是因为意识到你是谁才会想继续和你待在一起。但是想要别人待在你身边，你首先得使他们想停下来。在此，你的衣着可以发挥很大的作用，但你还需要注意你自己，留心自己看起来怎么样。

　　先检查自己的体形，确定自己的身材没有变形。你不必为此去做沉闷漫长的骑车运动或者每天到健身馆报到，但是，你得保持适当的体型，这除了使你看起来更好、穿衣服更好看以外，还能增进你的健康和精力。（一旦你开始注意这方面，要做到这些并不难。）

　　你的发型看起来如何？你的头发和发型也能传递出你的很多信息，确保你的发型展现了你的个性。你是从不在意自己发型的那种人吗？即便如此，那也能说明你是什么和不是什么。不懂得打扮自己很难让别人觉得你性感。你的眼镜和你的脸型相配吗？你是不是应该考虑戴隐形眼镜？你的指甲和皮肤看起来怎么样？说这些也许触犯了你过去的信条，但事实是，男人们也得注重自己的打扮。如果你不想去美容店的话，那就到超市买一套化妆用品。

　　这并不是要你沉溺于外表，而只是希望你尽量打扮得最好。

第三章

先吸引对方，
再和对方建立联系

怎样顺利地创造出刺激和趣味

No. 023
你的梦中情人就在这儿

你是不是很难想出什么地方能够最大限度地展开艳遇？实际上，与梦中情人不期而遇并最后上床的完美地方并不存在。

然而，在很多地方你都可以碰上有趣的人，只要你尽可能地保持开放的态度。比如，在酒店大堂、图书馆、书店、咖啡馆、讲座、夜间学习班（女人常常出没于艺术和瑜伽课程学习班，男人常常出没于计算机和经济学课程学习班）、艺术走廊、展览、探戈学习班、博物馆、酒吧、大型超市的蔬菜区、家居店或者家具店，等等。或者，你可以读报纸看看有没有什么不同寻常的活动发生（比如德国犬活力比赛或者鬼城漫游），即便你没有碰到什么可意的人，这些活动至少也会让你经历一些不同寻常的趣事。

你的梦中情人可能出现在任何地方，你要做的就是到场。

No. 024
让别人上门来找你

如果出于某种原因，你觉得前面提出的这些建议对你来说都不够，或者你住在一个城市，这里自从1992那个艰难的春天年玛贝尔关闭了她的烤饼店①以后，就再也没有合适的地方来约会，那么你也许要考虑让人们上门来找你。

为什么不在家举办宴会呢，或者，如果你的房子太小，不能举办宴会，那你也可以一个月组织一次户外活动（野餐、郊游、放风筝、滑雪橇）。第一次你可以邀请你的朋友们，并鼓励他们下次带其他的朋友来。你是否认识他们带来的朋友并不要紧，你可以鼓励这些新客人下次再带他们的其他朋友来。如此等等。用不了多久，你就会建立一个充满了你以前不知道还有这么有趣的新朋友的圈子。当然，每出现一个新朋友，你碰到那个为之怦然心动的梦中情人的机会就增加了一点。

---

① 1990～1992年爆发了世界性的经济危机，1992年欧洲爆发了货币危机。——译者注

No. 025
被别人看见

一旦我们开始和别人见面交往，我们就开始对别人形成了自己的看法。这在任何情况下都是如此。当你看电影时，你突然闻到某个人身上传来令人不快的体味，你环顾四周，想找出是哪个人散发出这样的味道。不论是当你早上因为害怕错过上班的公交车而急匆匆赶路时与你擦肩而过的人，还是你每次吃午餐时眼角瞥到的香水柜台角落里的那个女人，你都对他们做出了一个迅速的评估，而你经常连自己都没有意识到这一点。

而别人也会这样对你做出一个快速的评估。

因此，你应该帮助别人对你形成一个清楚的、积极的印象。如果你在外面和朋友一起喝咖啡，确保你坐在容易被看见的桌子旁边，尽量让更多的人注意到你。接着，当你过去和对面桌子的美女或帅哥说话时，他们已经对你有了积极的好印象。由于你并不是突然从哪里冒出来的（或者更糟糕，是从黑暗的角落里冒出来的），你的出现和搭讪并不会显得突兀。

No. 026
你总是在被拿来和别人比较

当我们决定什么事情的时候，我们总是把这件事情和其他事情做比较。我们通过与其他的苹果做比较来判断这个苹果的味道如何。诱惑也是同样的道理。当然，你可能发现有些东西比其他东西更有诱惑力。但是当你觉得某个人很有趣或者很有吸引力的时候，你实际正在潜意识地拿他和别人做比较，可能是与刚刚和你谈过话的那个男人做比较，或者是和站在那边的那个人做比较。

当你对某个人表现出兴趣时，你会立刻被对方拿来和每一个做过相同事情的人比较，在最糟糕的情况下，你甚至会被拿来和对方的前男友或者前女友做比较。

你必须尽快地赢得这场比较。使用我教过你的施展魅力的技巧，展现你的价值，通过展示你的与众不同来与对方迅速建立起联系。你是更好的，你是独特的，你是值得交往的。你瞧，如果你不能赢得这场比较，对方就没有理由选择你。

No. 027
从别人的错误中汲取教训

如果你看到其他人在试图接近你渴望的对象,你可以仔细观察一下他们是怎么行动的。这些人就是将被拿来和你做比较的人。她可能拒绝那个想教她纯正意大利发音的穿着运动衫、体格健壮的花花公子,但她仍然会拿你和他做比较,想知道你会不会和他一样。

既然你一直在观察,明白了大男人主义对她是不起作用的,那么你就可以试着展现出你柔弱的、孩子气的一面。

如果你注意到你整晚都在关注的那个男孩在取笑舞会上最疯狂最引人注目的那个女孩,那你就知道当你走过去开始和他说话时,他可能首先会想你是不是也是那种患了ADD(注意力不足过动症)、要在迪斯科舞会上跳到受伤为止的人,因为那是他可以拿来做的最近的比较。因此,你最好是在椅子上坐好,看着他的眼睛,缓和平静地说话。从别人的错误中汲取教训,以便自己不会犯那些错误。

No. 028
你就像你的朋友一样

  当别人对你产生第一印象时，他可能在很大程度上基于你的朋友而不是你本人来建立这个印象。这可能很不公平，但是你无法改变它：你会因为和你在一起的人受到判断。和你在一起的那些人会不会像一群公鸡一样在午餐时间激烈地争论能否在小于 40 英寸的纯平屏幕上区分出分辨率为 1080p 和 720p 的不同效果？或者，他们是不是在喝酒后走在高档社区的路上还大声唱着《妈妈咪呀》的那种人？

  你自己做不做那种事无关紧要。不认识你的人会自然假设你和你的朋友是一样的人，至少在你证明自己不是那种人之前。

  事实的讽刺性在于：你的一些朋友会增进你留给别人的好印象，而另一些朋友则会给你扯后腿。你知道我在说什么吧。

  当然，你不应该仅仅为了给别人留下好印象就精挑细选你的朋友。但当你开始说话时，你可以准备好对方可能对你有什么印象。一些印象会增进你的机会，其他的……嗯，则不会。因此，想一想你的朋友们。如果你的朋友是令人愉快、有趣的人，你也会被这么看待。如果你和你的朋友整个下午都在谈论《任天堂》游戏，那么别人可能认为你是个变态的游戏迷。如果他们对你的印象不太好，你就得跟他们解释那些印象是完全错误的，而你必须尽快去解释。

No. 029
别人的故事也会投射出你自己

既然你被假设和你的朋友类似,那么把朋友的可怕故事说出去就是非常糟糕的。你说出来的故事,无论多么富于娱乐性,都会给你带来负面影响。如果你告诉别人你最好的朋友是个玩弄感情的爱情杀手,别人也会怀疑你是不是同样的人。如果你嘲笑你的朋友在应付女人方面很拙劣,那么别人也会同时怀疑你在处理男女关系方面同样拙劣。

你也许以为通过嘲笑别人就能衬托自己、给自己加分,但是恰恰相反,你努力想取悦的对象在听了你讲的故事后,反而怀疑你为什么跟这样的人混在一起,并猜测你恐怕也是那样的人。尴尬的时刻同样投射到你的身上。

因此,多说一些有关你的朋友的积极正面的事情,让这些积极正面的因素也投射到你的身上!因为如果你和红十字志愿者为伍,人们就会觉得你也是个善良的人。如果你和运动天才做朋友,你也可能保持良好的体型。

我想你明白了吧。

No. 030
不要只是作为朋友

你热衷于追求某个人，你花了数周来打动他或她，你们喜欢彼此待在一起的感觉，也经常出去约会。你决定今晚把你们的关系推进一步，但是对方说的这句话把你的整个计划都打乱了："我真的很喜欢你，但只是作为朋友。我不想因为吻你（或者和你发生关系，或者任何我们不应该做的事情，等等）而破坏我们的友谊。"啊！你觉得你完了！

告诉你我们都碰到过这种情况，对你来说并不是个大安慰。我们都知道，好好先生从来不会交到什么好运。

但是我们大部分人都没有意识到：是自己的错误导致了这一局面。你已经设法建立了你们之间的联系，你曾经牵着她的手带她到你喜欢的地方，她和你在一起感到很安全，她对你产生了强烈的依恋，你们曾在一棵老橡树下的阴凉处一起甜蜜地野餐。美好、舒适、正确，在建立联系方面你可以得10分。

但是，你忘了创造吸引力。

是的，你必须创造吸引力，你不能指望它自然发生。在调情时，第一条法则就是**首先**产生吸引力，**然后**再建立联系。在你让某个人觉得和你待在一起很舒服之前，并且如果你想让他们不仅仅是觉得可以忍受和你待在一起的话，你得首先让他们被你吸引。如果你和一个不被你吸引的人建立了亲密的联系，你们就永远只能是朋友。没有最初的吸引，没有最初的性张力，你们就注定只能永远做朋友。而我们都知道，只作为朋友是交不到什么好运的。

No. 031
徒有其表是不够的

只有吸引而没有建立联系，也不能推进你们之间的关系。即使你们之间产生了相互的吸引，你们也需要创造出情感的联系。如果没能做到这一点，那么别人会觉得和你待一会儿比较有趣，一旦发现你没有进一步可提供的，他们的注意力就转移到其他更重要、更引人注目的事情上去了，那些事情看起来比你更有趣。因为你一直停留在表面层次而没有什么实质内容，而她对你的外在了解得已经够多了。

没有在你们之间形成一种互相信任的联系，你就不能推进到下一步。很少有人愿意与他们不信任的人发生进一步的关系。这并不是说你得让对方确信到你可以作为终身伴侣的程度。假如有人发出非常清晰的信号，毫不害羞地表明想利用你来满足他们漫漫长夜里的欲望，而且要玩一种蒙上眼睛、把身体捆起来的性游戏，你可以信任他们——只要他们自己也愿意那么做！通过言行一致来使别人对你产生舒适感和信任感，以此来展现出你真诚的兴趣。

一旦身体上的吸引和情感上的联系都到位了，相互的吸引和诱惑就会水到渠成了。不论对方只是你一夜情的对象，还是你想与之白首偕老的终身伴侣，这一法则都适用。

No. 032
吸引人的个性特征

当别人对你形成第一印象时,你在很大程度上控制着你的吸引力。因为要不要显得和蔼、令人振奋或有趣,换句话说,就是显得有吸引力,完全取决于你自己。

你已经知道你可以通过衣着、外表、态度来影响别人,其实有很多个性特征也能吸引别人。这一点毫不奇怪,只是很多人不明白这样的个性特征究竟有哪些。至少,你可以通过人们认为自己有趣时采取了什么样的行动来判断。现在,请找出合适的个性特征,并学会怎么运用它们。

在实践中,这意味着你应该变成一个有趣、会玩的人。你应避免惹是生非、行事轻浮、故作神秘或者孤僻冷傲,那样只会让你更难相处。同时,试着有点出其不意,一次又一次地挑战你周围的人,对你不仅喜欢而且对之有激情的事情始终保持新鲜的兴趣。

男人女人们都会为这样的人着迷:有点玩世不恭、有点疯狂、充满激情、积极参与。我们也许以为自己更喜欢严肃、忧郁的诗人,或者富于激情、变化无常的妖妇,但从长远来看,以上提到的个性特征总是会胜出。这些个性特征形成了一种难以抗拒的组合。而那,我的朋友,正是你绝对想要的。

No. 033
速成性感

让你更有吸引力的办法之一就是变得性感，这并不像听起来那么难。最简单的让你变得更性感的方法与你穿多暴露的衣服无关，也与你留多少天的胡子无关。最简单的方法就是让你的潜意识自动为你服务。

所有的情感状态都反映在你的行为中，体现在你的自信中，这些都是你对周围人的展示，你无需付出巨大努力就能做到。因此，为什么不向他们展示一个最性感的你呢？

你可以用一种叫做"心锚"的技巧（见《读心术》）：想象一个你最想要的人。他或她完全赤裸着，和你一起待在床上。你们可以待一个小时，而且没有人会发现你们。不要担心这能否实现，只需尽情地想象你们之间发生的一切。我们在这里谈论的纯粹是性，不要担心和对方建立长期关系的问题，你们可能之后再也不会见面。

展开你色情的想象吧。

一旦你感觉到热血沸腾达到高潮时，把那种感觉和一个词或一个手势联系起来，在感觉最强烈的时候大声地说出那个词或者做出那个手势（我建议你避免使用德语单词，不然别人听见的时候会觉得你有些怪）。下一次当你要展现性感时，你只需说出那个词或者做出那个手势，你的身体就会记得你上次这么做时是什么感觉，于是就把这种感觉重新带回给你，这个词或手势还会影响你的面部表情和你的行动。因此，在不知不觉中，你就会改变你的行为和个性，从而使你散发出最大的性感魅力。

No. 034
向他们证明你不是一个威胁

当你接近你不认识的人并想与之搭讪时，你必须清楚地表示自己不是个疯子。你知道，她可能根本不知道你是什么人，甚至没有看见你走过来。如果你莽撞行事的话，她可能觉得你是个威胁。以一种非常糟糕而不是令人愉快的方式，你可能在 a) 生理上；b) 社交上；或者 c) 情感上令人生厌。确保人们不会因为记得以下事情而对你有错误的看法：

- 为了不在生理上令人生厌，你必须表现出轻松自然的身体语言。不要马上触碰她，不要在说"你好"之前就去摸她的头发。你必须等到你们之间建立起美好的联系之后才能触碰她。运气好的话，这个过程可能只需等几秒钟。关键的一点就是你必须在触碰之前先建立起联系。

- 社交尴尬也会令你减分。因此，你可以非连续性地试着去接近对方，不要让周围所有的人都知道你即将采取行动。她的男友可能就在隔壁，或者他的妻子正在卫生间，而他或她不希望整间屋子里的人都听见你们在调情。尤其是如果你过了一会儿就走开的话——在公共场合被甩可不是件有趣的事。

- 通过前后一致的表现说明你的情绪稳定。你的行为必须符合你的形象，也就是你呈现出来的形象。如果你说了什么，就一定要做到，不要光说不练。如果你被要求走开，或者她看着你就好像你头上有一只鹳鸟一样，你就微微一笑走开即可。当别人对你不感兴趣时，你不要显得不安或者愤怒。你总会遇见想和你说话的人的，别理那些拒绝你的人，他们就那样。

No. 035
只有你们俩知道的秘密

当你正在形成和对方的联系时,有一件只有你们俩知道的事情(比如一个秘密或笑话)是非常有用的。你可以编造出周围某个人的故事,只有你们知道的故事:"你看那边的家伙怎么样?他白天是个人模人样的电脑工程师,可却秘密地渴望在夜总会的兽笼里跳舞。"

"嗯,当周围没人时,他会在客厅里练习舞步。""那边那个女孩?是的,你是对的。她可以活吃老鼠。真的,就像电视上那样。""呀!别朝她看,她刚刚舔了一下她的手指!"

当这些人走过你们旁边时,你们可以相互交换一下会意的眼神,然后咯咯地笑起来。你还可以充满自信地告诉他:"你千万不要把这个秘密告诉别人,我可是……"接着再用同样的方法打开对方的心扉:"你的秘密是什么呢?你必须得告诉我才能扯平,不然的话,我再也不好意思和你说话了……"当然,你最好是用略带俏皮和耍赖的语气说这话。

这个技巧有助于加强对方与你有私密联系的感觉,这种感觉是其他人所不能分享的。

额外提示

这个技巧在对方有朋友在周围时尤其管用,因为你可能最终想让她和她的朋友们分开来。为此,你就必须让她和你分享其他朋友所没有的秘密。

No. 036
从提小要求开始

和上一技巧异曲同工的办法就是换一个环境和对方相处。比如，"哇，这里真热！我们何不出去呼吸一下新鲜空气呢？"或者："我想喝点儿咖啡。我们到街对面的星巴克再好好聊一聊吧。"

有时候转移到同一地点的另一处就足够了。"让我们到那边说吧，这样就不需要用吼的了。"

除了说出自己的秘密只让你们俩分享以外，你还可以让对方习惯于只和你在一起做事，那也会使他产生新的行为。

我怎么强调这个技巧的价值也不过分。让对方养成这种习惯（虽然我用的是"习惯"这个词，但实际上一两次就足够了），对你建议你们以后再次见面来说非常重要。

单独相处。

在某个地方。

只要你提出了前面那个问题，你就是在要求他迈出一大步。你在要求他做他以前从没有做过的事。但是通过使他习惯和你在不同的地方待在一起（"让我们到那边去吧"），你就增进了让他同意你的下一个行动的机会（"到我家来怎么样？"或者"明天一起去布拉格怎么样？"）你已经使对方更容易答应你了，因为他已经习惯了和你一起去各个地方。说"不"会与他的行为产生冲突，那会让他感到不协调。对你我来说幸运的是，这正是人们会不惜一切来避免的感觉。

No. 037
小心始料未及的影响

我们周围任何能被看见、闻到或者感觉到的事物都具有影响我们情绪的能力。这一切似乎都发生在我们的意料之外，比如，一个经过你的人身上散发出的香水味正好和你青春期第一次性萌动时闻到的香水味一样，于是，你自己也不知为什么就突然产生了一种很浪漫的感觉。或者，一个戴着塑料耳环的女孩的身影突然闪现，就使你突然奇怪自己为什么在过了这么多年之后想起了自己的初恋女友。

这种影响能使你产生混淆。你正在和某个人说话，一切都进展得非常美好，但是突然，背景音乐响起了一首歌，而那首歌使他想起了曾令他心碎的前女友。或者，一个穿着和她前男友一样的T恤衫的人走过，使她想起了那个曾经欺骗她的负心郎。你完全不知道发生了什么。你只是感觉到对方的情绪突然改变了。在毫无预警的情况下，她突然收敛了笑容，眼神开始看起来很空洞。

你无法预测这种事。但是，如果有人突然改变了情绪，而原因显然不是你的话，那就很可能是你们周围的某个人或某样东西引发了令人不快的联想。如果这种情绪转变非常明显，你可以温柔地问："你还好吧？你看起来思绪飘远了。有什么事在困扰你吗？"即使她不想告诉你（你也应该避免她长篇大论地说起她的伤心事，因是你想要做的是扭转而不是加强她黯然神伤的情绪），你表现了你的同情心，那就足以让她振作起来了。你还可以运用你的身体语言，试着让她重新敞开心扉。

但是，如果做任何事都无济于事的话，比如她完全陷入了晦暗的情绪状态，那么你就应该离开一下让她独处一会儿。你不知道她心里正在想什么，但你肯定不想让她后来回忆起你的时候把你和她的伤心情绪联系起来。

No.038
让最难搞定的人对你好奇

如果你真的想和那些穿着大牛仔裤的男孩或者黑发披肩的女孩搭讪，而又得到明确的信息：他们不喜欢任何人接近他们，那么你该怎么办呢？很简单，先和其他人讲话！找一个看起来友善的人，对他说"你好"，然后问他正在做什么。如果你待在一个每个人都出于同样理由待在那里的地方，比如教室或者比赛场，那么和任何人聊起天来都是容易的，因为你们已经有了共同话题，你可以问他们对比赛有什么看法，或者如果已经学到了哪些东西。要选那些看起来友好外向的人说话，这类人会愿意和你交谈，你还可以由此交上一些新朋友。

通过这么做，你就等于给了自己一个社交缓冲。这除了让你感觉更安全以外（因为你突然交上了朋友），你的行为还有助于打破那个你想搭讪的有敌对情绪的人的心理防线。当她看见你善于社交，能够很容易交上新朋友时，她就会对你产生好奇心，而唯一能发现你独特之处的办法就是和你交谈。

如果你们的交谈不顺利，那些穿大牛仔裤的人似乎被另一个可恶的家伙吸引了，那你也无需丧气，因为你已经和那个地方的每个人都成了朋友。最糟糕的情况是你竭力与之搭讪的那个人根本不理你就离你而去。这种尴尬是可怕的，你痛苦地意识到在场的每个人都在你试图开溜的时候盯着你。此时你唯一能做的正确的事情就是转过身去和你的一个新朋友继续说话，就像什么事也没发生一样。

因为确实什么事也没发生。

No. 039
先让对方的朋友们喜欢你

　　你已经和对方交谈了几句话，进展得还算顺利，但他不是一个人，他和他的朋友们在一起。那你该怎么办呢？或者，当你在酒吧和她调情时，她的女伴儿们像一堵墙似的围着她，你该怎么办呢？

　　如果你感兴趣的那个人和朋友们在一起，你可以利用那些朋友们使他或她更喜欢你，诀窍就在于先让他或她的朋友们喜欢你。如果对方的朋友有男有女，你都同等地善待他们，不论性别。你不是一个威胁，不是来偷走他们的朋友的。你只是一个很友好的、值得信赖的人。被他们喜欢和接受以后，你想接近的对象由此对你产生的好感会使你更容易进一步与之建立亲密的联系。由于他喜欢他的朋友们，那么当他的朋友们喜欢你时，他也会很容易喜欢你了。

No. 040
确保不让一个人落单

  过了一会儿以后,你想和你的调情对象独处。如果她有几个朋友伴在身边,你们俩告辞独处一会儿通常不是什么问题,因为她的朋友们可以照顾好他们自己。但是如果你想对之说贴心话的她正在和一个从田纳西州远道而来的朋友在一起,而周围又没有别的朋友,那么你就很难让你的调情对象跟你去冒险了,因为你们不可能把一个朋友单独落下。

  因此,确保对方的朋友不是一个人。在你们俩脱队去独处之前,你可以把对方的朋友介绍给你的朋友(或者介绍给一个看起来有趣的人),以形成一个更大的团体。在他们互相接受之后,你们俩就可以毫无愧疚感地溜走了,因为那个最好的朋友正在享受结交新的有趣的朋友的过程。

No. 041
赢得对方的好朋友

如果你看上的那个人只和一个朋友待在一起,那么你必须从和他或她的好朋友交上朋友开始。在把所有的注意力转向吸引你的对象之前,先花五六分钟时间在那个好朋友身上。

但是记住,当你巧妙地和那个好朋友周旋时,你所属意的对象却没人与之说话。因此,不要周旋得太久,你可不想和那个好朋友谈得太投入以至于你属意的对象产生厌倦并离开了吧。

或者,甚至更糟糕,你属意的对象误以为你对他或她的朋友感兴趣,因而决定离开以便留下你们俩独处!

No. 042
弄清楚和她在一起的好朋友是不是她的男友

当你和你属意的对象的好友周旋时,要注意弄清楚这个朋友和你未来伴侣之间的关系。他们可能恰巧是一对儿,虽然这根本不能阻止你,但当你和别人调情时,却突然意识到坐在你旁边的男孩就是你调情对象的男友,总是会十分尴尬。因此,你最好提前观察好情形。如果你已经让她的朋友认为你是个不错的人,你已成为了他当天交上的朋友,那么即使你发现这个朋友正是你中意的那个卷发女孩儿的男友也无妨,因为这两人并不知道你实际的打算。如果你一开始就去和她调情,你恐怕就会受到她男友的威胁。现在你没有,因为你还没有做到那一步,而只是表现得像一个轻松谈话的对象,并没有什么明显的企图。

我建议你一旦发现对方是男女朋友关系后就离开他们,另外寻找其他的追求对象。但是如果你不想或者不能(我不推荐这么做),当然,趁其不备从别人的眼皮底下偷走东西当然是很容易的。

No. 043
没有人愿意显得随便

当这本书第一次出版时,我收到了一封读者来信,来信说她觉得我介绍的这一个和下一个技巧是对这个世界的过时看法。他们完全不存在障碍去追求他们想要的,因而读到我的书感到很失望。但与此同时,也有很多经历同样问题的读者来信表示感谢。和往常一样,这个技巧不一定适用于每个人。如果技巧43和44冒犯了你,或者让你觉得不相干,那么请记住,每个人不一定都像你一样能勇敢而自然地处理这些事情,至少现在还不可能。

也许大部分时间我们都觉得现代社会男女平等,但当我们相互调情时,我们却很容易陷入一些旧框框。不幸的是,表现得太前卫的女人通常被其他女人(她们大多产生了嫉妒)看不起,并认为她太"随便",这常常迫使男人不得不采取主动。很少有女人真的喜欢当廉价的荡妇(性游戏中的角色扮演则是另一回事),正因如此,她们把主动权交给了男人。因此,如果你是个男人,不要做任何让她觉得太随便的事情。你采取主动的这一事实也使你有责任确保她对你的行为感到安全。在她的朋友面前和她调情不是个好办法,这不会让她的朋友们产生好感,当然也很难让她产生好感。

No. 044
调皮还是友好？

由于上一个技巧提到的旧模式，男人永远不要直接这么问女人："想去我住处坐坐吗？"即使她真的想这么做，她也得说"不"，因为说"是"就意味着是她促成了即将发生的一切，而这和她不想显得太随便的态度相冲突。"我真的是那种随便答应别人的女人吗？"但是如果男人表现得更温和一点，请她去看看他家里奇妙的壁画，女人就会松一口气，接受这一提议。如果看壁画最后发展成了上床，那么她也可以告诉她自己或者任何人，她根本没有做什么事来促成这事。（老实说，女士们，没有过这种念头的人请站出来扔出第一块石头吧。[①]）

当两个人相互认识之后，表明界限的常见话语就是："你知道，我不会和你上床的。"有时候这句话由男人说出，但更多时候由女人说出。这句话的真正意思是："我真的想和你上床，但是得由你来促成，这样我就不必为这事儿负责了。"这也许显得很被动、生硬，但有时候我们的自我形象和我们的激情渴望相冲突。在这种情况下，向自己撒谎就是一个好办法。有时候，我们需要对自己说："不是我要这么做的。"

我至少认识一个善于勾引男人上床的女人，当被问到发生了什么时，她总是说："它就那么发生了。"只有很少数的人能够诚实而巧妙地说："我们决定去他那里喝杯茶。"

[①]《圣经》里有一个著名的故事，是说有一个妓女，人们都谴责她有罪，要扔石头惩罚她，但上帝却认为每个人其实都是有罪的，当你去谴责别人时，先得想想自己是不是无辜的。因此，上帝对众人说到：凡是认为自己一点罪过都没有的，就请站出来向那个妓女扔出第一块石头吧。结果没有一个人站出来。这个故事后来就演变成西方常用的比喻，意指如果你认为自己没有过某种念头或者罪恶，亦即清白无辜，就可以站出来扔出第一块石头。——译者注

No. 045
你甚至还没有考虑它

你和某个人见了几次面,你做足了功课,小心翼翼地培养出私密的联系,和她一起谈论你们都喜欢的校园摇滚音乐。如果你读了前面的技巧,你就会知道当你想要进一步发展时,你会听到她说:"我不会和你上床的"。

作为男人听到这句话比作为女人听到这句话的机会更大(很多男人出于骄傲会说出这句话,但如果能增进他们交到好运的机会的话,他们也会把说出的这句话扔到九霄云外去)。如果你听到了这句话,重要的一点是完全不必为此忧心。你们正在快乐相处,不要让这句话破坏了气氛。女人对男人通常都有一个偏见,认为男人真正感兴趣的只有一件事情:性。当女人拒绝男人在这方面的要求时,她通常也会产生罪恶感,就好像她把男人踢出了糖罐一样。

如果你心里想和对方上床,不论你是男人还是女人,都不要紧,别表现出来!如果你明显地表现出不安或者失望,那会大大降低你的吸引力。不要继续提出不合理的要求,那可不是明智的做法。相反,你最好表现得若无其事。"上床?我压根儿没想过。"你说这句话的口气要和对方刚刚告诉你的口气一样。"我没有难过。""你没想过吗?我也没有。"于是,你会变得比以前更有吸引力、更有趣,对方此时反倒会想你为什么不想和他上床呢?

No. 046
测试你们的身体反应

不要跳过建立联系这个阶段！如果你急于对你中意的帅哥采取行动，对方可能会撤退，或者突然又回到他的朋友们那里，或者你第二天给他打电话时，却发现你的电话被他屏蔽了。

如果在和他进一步交往之前，你未能让他足够信任你或者对你更感兴趣的话，你会有大问题。他可能不确定你的意图是什么，因而觉得你十分肤浅，只追求性，最终对你的感觉十分糟糕。

你绝对想避免这种事情发生。你得确保他和你待在一起很舒服，你们之间的联系已经足够强烈。进行一个小测试，比如温柔小心的吻，不要有太多的肉欲在里面（很短的一个吻，绝对不要舌吻），如果他回应了这些吻，就足以表明他感到待在你身边很舒服。

正如我说过的，当你进行身体测试时，不要有太多的性张力在里面，但这并不意味着性张力一点也不要有。温柔小心的吻表明你们不想只是做朋友，即使你在接吻时压制着舌头，但也不要忘了在边界处创造一点点性张力。如果不这么做的话，你恐怕就只能停留在做朋友的阶段了。

你不需要每次都达到心跳加快的程度，你还可以通过其他一些小动作来表示你对他的兴趣，比如触摸他、闻他，等等。把你的行为调整到他喜欢接受的程度。不要急于求成，断断续续地来，但发出的信号要清晰。

No. 047

直视"太阳"

这里要对那些幸运的天生丽质的人说几句。这些人身上有着我们都希望拥有的特质，换句话说，他们都是些可人儿。这样的男人和女人通常都渴望真诚的关注（而不是仅仅对他们外表的关注），但他们的外表通常成为阻止我们接近他们的障碍，当我们试着去接近他们时，我们的行为多少都有些怪异和做作，就好像我们把他们放到了神一样的地位，然后想象自己得先上升到同样的地位才能使他们注意到我们一样。这种事情使那些漂亮的人对其他人有偏见，他们知道我们和他们说话时是不诚实的。

然而，如果你觉得自己需要变得比本来的样子更有趣或更好，那么你就给自己带来了麻烦。只因为你盯着看的是一个像太阳般光彩夺目的美人，你就得提出什么奇妙的不同寻常的事情吗？这只会让那些美人瞧不起你。

同样，很多人在听美人讲话时常常走神。"真的吗，你这么想？……嗯……什么？嘿，刚才说到哪儿了？"实际上，你应该通过自信的话语向他们展示你的真诚，让你的面部表情清晰、容易理解。如果你能向她证明你即使离大明星米拉·乔沃维奇①只有两英尺远，也不会失去平衡而镇静自若，那么你就给了她一个意外的但绝对最受欢迎的机会让她能放松地和你待在一起。这意味着你们两人能够**真正地**展开谈话，并开始形成更深入的关系。

---

① Milla Jovovich，米拉·乔沃维奇，美国深受热捧的模特和电影演员，其最高成就是在法国大导演吕克·贝松拍摄的《第五元素》中担任女主角。——译者注

No. 048
揶揄有吸引力的人

有吸引力的人，大多知道自己的外貌很有杀伤力，你可以无伤大雅地对他们小小地揶揄一下："哇，你很会榨果汁嘛，我原先还以为你只是个花瓶呢。"重要的一点是揶揄得轻巧，可以被一笔带过。"大部分长得像布拉德·皮特那么好看的人都以为自己比别人强，我刚才还在想你是不是也是那样，但你不是。那么，你是什么样的人呢？"

这会使他稍微失去一下平衡。你显然不是那种可以被不屑一顾的人，而这也让你变得更有趣。这也清晰地向他传递出信号：他得做出一些努力来改变，如果他想要的不只是短暂的调情，他得对你投入时间和兴趣。这意味着他在不知不觉中开始和你形成了一种联系。

额外提示

要表明你的态度：不能因为她比一般人长得好看，她就可以为所欲为，或者任意提出要求。这一态度会使她觉得你更有趣，因为你表明了你不是那种为了讨好她而对她予取予求的人。你的生活也有尊严。

No. 049

得体地颠覆神像

如果你和一个似乎已经习惯了别人恭维他或她的外貌的人相处,你就得知道你的恭维必须是关于其他方面的。不然的话,你就和别人一样了。你甚至可以显示出你可以看穿他或她所有的装饰:问她是在哪里买的指甲油,或者谁设计了他的发型。记得要表现得有魅力,不要鲁莽或侮辱对方。你的提问应该听起来无辜和真诚,就像你真的想知道答案一样。不要显得轻佻挑逗,那会让你陷入麻烦。

如果你这一步做对了,那么你就可以接着表现出你并不看重外貌,你正在寻找更有深度的人。这会让她从美丽外表的象牙塔上爬下来,并唤醒她想对你展示她真正价值的欲望。

你有可能得到对方一句试探性的反问,不要把这当做反讽,就当她的问题表明她真的感兴趣,并如实回答,比如:"我的指甲油?100块,在中国城买的。我觉得我买贵了。"现在你们开始建立联系了!

No. 050
享受过程而不要在意结果

　　树立一个清晰的目标。这个目标具体是什么并不要紧，它可能是任何一个目标，比如得到一个电话号码，在床上亲热，或者只是向对方说一句"你好！"不论你的目标是什么，你都得采取行动达到目标。记住，最重要的并不是你得到的结果。

　　你必须考虑到人们的不可预测性。你可以说你在宠物店看到一只仓鼠，你戳了它56下，它每次都做出同样的反应，但第57次它的反应仍然可能完全不同。

　　如果事情进展的结局不是你计划的那样，不要失望。与其觉得自己是个失败者，或者你的世界已经崩溃，还不如想一想发生了哪些始料未及的回应。你刚刚得到了一次机会来更多地了解他人。每次你遇到某个人，都是一个更多地去了解他人的机会。但是，如果你过分执著于"正确"的结果，你就没法汲取经验教训。朝着目标前进，但不要以为，只有得到了你想要的结果事情才算进展顺利。你要学会欣赏意料之外的事情和结果。

No. *051*

你应该让别人感觉良好

培养真诚的同情是非常重要的。即使你在 Excel 里面详细制订了一个如何与人调情的日程表，安排好了在什么时间、以什么顺序来实施这些计划，然而一旦你开始和某个人讲话，你就得暂时忘掉你自己和你的计划，去真正地观察和理解与你讲话的这个人。

没有比意识到谈话对象根本就没听你在讲什么（甚至还望着别人）更令人索然无味的了。另一方面，也没有比专注地倾听更令人觉得性感无比的了。因此，做一个好的倾听者，关注对方，问一些别人没有问过的问题。因为如果你没有真诚地投入的话，你就不可能说出"你好"并开始一场对话，不是吗？

调情是一种社交冒险。没能成功与别人调情的人，被人们认为下流无耻的人，都是只希望通过和人们交往来让自己感觉良好的人。真正做得好的人，每个人都乐于与之约会的人，能够让人们与之愉快相处的人，都是旨在让别人感觉良好的人。

第四章

可得性

怎样运用书中最老套的技巧来使自己更受欢迎

第四章
可得性

No. 052
不要被视为理所当然

这条法则简单得难以置信：我们总是想要我们得不到的东西，我们总是把已经拥有的东西视为理所当然，直到失去它们——亦即不再拥有它们时——才懂得它们的珍贵。

如果你想让某个人为你痴狂，那就不要被当做理所当然。

记住，**你是**主动者，**你是**决定他是否适合你的人，**你是**她千载难逢的对象。这听起来也许有些刺耳，但贬低自我常常只会使我们反过来想，使我们追他们。

我们努力满足对方的愿望，希望对方能注意和喜欢我们。这些听起来也许美好体贴，但却不可能由此创造出性感的吸引力。我们让自己太唾手可得了。当然，你会得到对方的关注，但那种关注和宠物兔得到的关注差不多。

如果你想有吸引力，你需要向他们证明你不是一个宠物。你需要建立你的价值，你不再像以前那样招之即来挥之即去了。如果你觉得你被利用了或被视为理所当然了，而且还是单方面的，那么你应该准备好离开了。

如果对方意识到他们可能失去你，那他们就会更珍惜你。于是，和你出去约会不是出于他们的赐予，而是他们给你的礼物。

No. 053
通过消失来让自己变得无法抗拒

只减少自己的可得性还不足以创造吸引力。如果你全力以赴让自己不可得，你就会变得像一个住在洞穴里拒绝使用手机的隐士一样。

如果你想交好运的话，这可不是你想要的结局。

要正确地利用（不）可得性，你需要从反方向开始做起，亦即先让自己唾手可得。你瞧，你和某个人见面的次数越多，他们就会越喜欢你。这条心理法则适用于所有的人：假如我们一开始就有点喜欢某个事物的话，那么我们和它接触得越多，对它体会得越多，我们就越喜欢它。就你的情况而言，这意味着如果要让你的梦中情人喜欢你，你就要一开始在她附近转悠。但是不要设法让她喜欢你，只需让她看见你就行了。

确保你一开始是可得的，直到你注意到她可能开始对你真正产生了好感。这可能只需5分钟，也可能花费数周。到那时，你开始减少自己的露面次数，让你的日程安排充满了各种各样的会议。她本来开始有点喜欢你了，但现在你看起来却消失了，于是，她的脑海里就会响起警钟，使她意识到她不能没有你。

早上醒来时看见床脚下有一些钻石，那固然是好。但长此以往，我们就会开始把这些钻石视为理所当然。一旦它们消失了，我们就会开始想念它们、渴望它们。当它们再次回到身边时，我们会比以前更珍惜它们。你一定想成为那些钻石吧。

No. 054
设定时间限制

一旦你接近某个人,她可能会这么想:他会在那里站多久呢?男人充满希望,女人则充满狐疑,但他们的问题都是一样的。为了让你自己显得有趣,你需要立刻回答这个问题,而正确答案就是:"不会太久。"当然,你不必把这个答案说出来,你可以用很多种方式来表达这个意思。你可以直接地表达出来,在和她对话的一开头就解释你真得马上回到你的朋友们那里去,但是首先你有一个不得不问的问题想问她。

你也可以用无声的方式,通过你的身体语言来表达,比如转身,或者移动身体重心使你看起来马上要走了。

通过显示你的停留是有时间限制的,你实际上完成了两件事。首先,你的谈话对象知道你过一会儿会离开,你没有打算纠缠她,并企图和她共度良宵,这会使她更容易把她宝贵的时间与你分享。第二,她已经被告知你的陪伴是有时间限制的,机会将很快消失,这会对她的心理产生两个作用。一是,我们都知道一条潜意识的法则,亦即不容易得到的东西就是好东西,也是我们想要的东西。二是我们不喜欢自己的选择受限制,而此时和你说话(或者不和你说话)的机会正要消失。

如果你说明你只能待几分钟,对方就会因为明白你不会纠缠下去而松一口气。同时,你也引发了对方的潜意识机制,从而因为你的不可得性而增加对你的兴趣,并更想抓住机会和你说话。

当然,最终你在那里站多久又是另一回事了。

No. 055
若即若离

在吸引对方的阶段，你必须促使你们俩一直保持互动。如果你完全专注于推进进程，你就会显示出过多的兴趣，这（有趣的是）反倒使你显得不那么有趣。最好的结果是你让对方反过来追你。

为了增进你们之间的互动，你得时不时地增加你们之间的距离，把他推远一点（注意拉开距离和让对方见鬼去吧之间的微妙区别）。你已经采取了主动，因为你表现出了你的兴趣。为了让你们的相处变得令人兴奋、乐趣无穷，你还需要朝另一个方向行动。如果你已经给了他关注和赞美，那么接着对他说这样的话是明智的："什么？你不喜欢变形金刚？那好吧，我只好不理你了。"当然，你得用玩笑的方式说这句话，不然你听起来就会像个白痴。

当你用这种方法一次又一次地创造出距离，你的调情对象就会发现你并不急于求成，事实上，你甚至对那个不感兴趣。奇怪的是，这种感觉会产生一种安全感。

如果你连续不断地发出赞美，向全世界都表明你愿意一辈子都对她俯首称臣，那么你就会给她太大的压力。然而，如果你时不时地后退一步，若即若离地保持一些距离，那么当你想把距离拉近时反倒会收到更好的效果。

No. 056
橡皮筋技巧

把你们之间的关系描绘成一条橡皮筋。如果你想确定对方是不是想跟上你，那你就先把橡皮筋往后拉一点，如果她对你感兴趣的话，她就会迅速地弹向你。也就是说，这意味着，在你每次拉开距离以便提出进一步的要求时，她都很容易接受（或者很难拒绝）。

这有助于你们的关系逐渐增强。如果你通过向她倾吐你的秘密而使你们之间的关系更为私密的话，那么先把橡皮筋收紧，把她推远一点，你们之间的联系就会变得更强、更私密。在电影中，最激情的吻总是发生在情侣中的其中一个人被扇了耳光之后。我不是建议你们在亲密之前先打一架，但有很多其他的有趣方法来增强你们之间的关系，而且这些方法都是建立在科学的心理学基础上的。

No. 057
进两步，退一步

另一个让进展充满互动的方法就是把赞美和推远距离的笑话结合起来，比如："哇哦，你在癌症研究中心工作！哦……我不知道怎么和你说话了。"或者"你不仅漂亮，而且脾气还很坏！"

如果你设定一个时间限制，时不时地提出来："那真是难以置信！除非我知道你是怎么从沙漠遇险中活下来的，不然我就睡不着了。但是现在我真的得回到我的朋友们那里了。"当然，你不会真这么做。你轻轻地转身，佯装要离开，但是接着又回过头来继续谈话："但是，首先，你得告诉我，沙漠里有蝎子吗？"

你可以小小地施展一下这个增强吸引力的小技巧，以测试对方是不是对你有兴趣。保持风趣、友好，少一点调情，让他疑惑他是不是误会了你，也许你根本对他没那么感兴趣？如果他对你有兴趣，他会做出非常明显的努力来挽留你。

No. 058

第二次约会的时间限制

你们要出去约会第二次吗？如果他看起来很难下决心，你可以通过另一个时间限制来使他更容易下决心。你建议下周一起吃午饭。那意味着一个自动的时间限制，因为你们俩都得在午饭1小时后回到各自的公司去。

如果周末对你们俩来说更好，那也不是问题。你只需解释你最晚得下午3点就离开，因为你和你最好的朋友总是在星期天看乔斯·韦登①的电视剧，而今天你们不能错过《萤火虫》②的每一个画面。

你当然欢迎他和你们一起看，但这是好朋友一起做的事情，你们俩可以一直待到下午3点。

提议共进晚餐在此时是危险的，她已经看过太多好莱坞电影，相信你想要的不仅仅是晚餐，你还需要晚餐过后的东西。谁不知道晚餐结束后一般都是什么时候了。

幸运的是，你们相约共进午餐或者其他形式的约会则有趣得多。她会大为放松，因为你已经消除了一个巨大的不确定性。现在，该由你来决定是否要保持你们之间的界限了。毕竟，你促成了它的发生。

---

① Joss Whedon，乔斯·韦登，美国著名的电视编剧，被誉为美国电视界的乔治·卢卡斯，他的《捉鬼者巴菲》、《天使》和《萤火虫》拥有媲美《星战》的牢固、专业和"GEEK"的科幻粉丝群，曾获第68届（1996年）奥斯卡最佳原创剧本奖。——译者注

② Firefly，《萤火虫》，是一部由乔斯·韦登自制自编自导美国科幻电视剧，2002年于美国和加拿大首播，以传统西部电影为原型，以自然主义为设定，剧中使用大量中文，呈献出一部与众不同的科幻戏剧。——译者注

No. 059
知道自己被耍了

　　小心别人用可得性技巧来对付你！世上有太多人喜欢玩弄别人的感情。当然，你不应该那么做，你使用可得性技巧是为了向你真正对之感兴趣和为之吸引的人表明你的价值。

　　我们很容易让一些不值得的人把我们当垃圾一样对待。只要他们给我们一点甜头，我们就百折不挠地追求他们，想象着她是这世上集美貌和美德于一身的女神，而无法看清她只是在玩弄别人的感情。

　　我们陷入得越深，就越难以自拔，因为我们对某个人投入的感情和时间越多，我们就越倾向于告诉自己她值得这么做。这是我们向自己解释自己古怪行为的唯一办法，但那并不意味着我们是对的。永远不要去追求那些不想要你的人。

No. 060
只在吸引阶段保持距离

注意：一旦你从吸引对方的阶段开始进入到形成相互联系的阶段，就不要再用你在这章学到的保持距离的技巧了。

橡皮筋技巧只能用来测试对方是否对你有兴趣，它也有助于显示你是个独立的人，尽管你表示了对对方有兴趣。

但这只适用于你们相互不认识的情况。

如果你们已经建立了亲密的联系，用这个技巧就会导致可怕的后果，引发出与你的预期完全相反的心理作用。你不会使对方对你产生好奇心和兴趣，反而使对方产生不安全感和困惑，甚至还会导致胃疼。如果你想交好运的话，这些可都不是什么好事。

第五章

展示你的价值

如何让对方珍惜你和你的陪伴

No. 061
别忘了展示你自己的价值

在最初的赞美和恭维之后,你必须展示你自己也很有价值。光是去拍别人的马屁是不可能提供有趣的对话的,那会显得单调、乏味甚至拙劣。我不是说你应该自我吹嘘,但是你应该让对方觉得和你待在一起是份礼物。我知道这听起来有点奇怪,但是我说的是你应该在心里有什么样的感觉(当然,你永远不要把这种感觉大声说出来或者瞧不起别人,那不会有好结果的)。我们太习惯于崇拜别人而贬低自己了,这是你只顾着夸赞对方时的大忌。

你自己也有价值,有很大的价值。从你前面读到的关于正确态度的技巧就可以知道这一点。但是,你得自己把这个事实清楚地展现给对方,好让他或她相应地了解你。努力形成一种你们彼此展示自己价值、珍视对方的互动,那会产生强烈的吸引力。

你很好,所以我喜欢你。我很好,所以你最好也喜欢我。这真是激动人心。我们什么时候能再见面?

No. 062
你决定你自己的价值

你的价值和你本人的个性无关！你的价值是什么完全是由你自己决定的。即使你是地球上最缺乏自信的人，也没有人会知道——除非你告诉他们！当其他人对你形成印象时，他们所依据的全都是你提供的。

想象你得到了一份礼物，一个很破烂的钱包。这个钱包的品质很差，而且是由某种很奇怪的材料做成的。你满脑子想着如何走到厨房去，趁别人没看见时把这个钱包扔到垃圾桶里，直到有人突然告诉你说这个钱包是由著名的设计大师设计的，价格非常昂贵，等等。于是，你重新看这个钱包，蓦然发现它其实多么独特、多么酷。

同样的东西，却突然有了崭新的价值。

这个钱包就是你。你可以决定别人怎么看你的价值。因此，向他们展示你是一流设计师的作品，而不是泰国制造的廉价货。即使你觉得自己的内在没那么好，但也没有人知道。

No. 063
别人对你的印象会变成你自己

我们在别人如何对待自己的基础上建立自我形象。如果别人对待我们就好像我们对他们很重要一样,我们就会觉得自己很有价值。反过来也是一样。如果他们像对待垃圾一样对待我们,我们就会觉得自己一钱不值。你可以利用这一点来创造良性互动以改变你的行为。为此,你要做的就是**在行为上表现得你好像有很高的社会价值一样**。不论你实际上是如何看待自己的,只要你展现出很有价值的形象,别人就会认为你很有价值。他们对你并不了解,而一旦他们表现出很重视你,你也会开始认为自己很重要。你必须重要,对吗?因为那些人对待你就好像你很重要一样。

我知道,这种思维方式违背了逻辑,但是它也意味着你可以通过表现得像你内心希望成为的人那样来改变你自己。我想做个优雅的人,所以我告诉人们我很优雅。如果他们相信,就会像对待优雅的人那样对待我。于是,在不知不觉中,我开始相信我很优雅,因为别人都这么看我。我给自己树立了优雅的新形象,这会反过来使我在不知不觉中改变自己的行为,以便使其与新的优雅形象相符合。最后的结果就是,我真的变成了一个优雅的人。

上述例子中的"优雅"可以被替换成"重要"、"令人兴奋"、"冒险",或者"有吸引力"、"炫酷"等等。有时候,我们会弄不清何是因何是果,但是在这个例子中,你可以利用这个混淆来改善自己。

No. 064
免费饮料从来都不是好喝的

  让人们知道你根本没有价值的一个好办法就是开始给别人买饮料。很多男士受到误导而使用了这个策略。这无异于在说:"我是个不值得约会的对象,我不得不花钱来买你对我的注意力。"当女人吸着她得到的免费马天尼酒离开时,男人会觉得受骗了。但是他只能怪自己,她只不过在做你所期望的,她很有可能找到另一个谈话更有趣、更看重他自己的男人(我想告诉任何一个读到这里的女士:我只是在陈述事实,而不是在责怪任何人。打开钱包来买约会的男人是自作自受)。

  男人试图利用互惠法则,希望通过我给你什么,你就会回馈我什么,但是这条法则不适用于买饮料来让别人和你说话。大部分女人在这方面都有足够的经验,以至于她们能够免疫而不中你的诡计。当你乐于掏腰包的时候,她们可以照单全收地喝光你的钱。只有那些意识到必须按照你的期望回馈你的人,才会一开始就拒绝你的饮料。

  你为别人买饮料所能得到的最好结果就是买下几分钟别人和你相处的时间,那就是你能得到的全部,而你的价值也由此跌到谷底。

No. 065
你完全可以给约会对象买东西

我刚才是不是听起来像在告诫你永远不要给别人买东西？当然，那并不是我真正的意思。你可以给别人买东西。即使你是个女人，你也可以给对方买饮料、黄瓜酸奶酱，或者到豪华的利兹·卡尔顿酒店就餐。但是你只能在你想交往的对象向你证明了他的价值以后才能这么做。

他可以通过与你谈话、告诉你他的故事，或者其他任何一种方式来向你证明他的价值。

通过这么做，他也在向你们之间的关系投入情感，而你也无需担心被某个投机分子敲诈利用。

No. 066
提出反要求

　　如果对方向你要东西，比如给他们买饮料，那么一个可行的办法就是你也反过来提出同样的要求。"当然可以，如果你先给我买的话。或者这么做更好，你给我买一杯你觉得适合我的饮料，我也给你买一杯你喜欢的饮料！"

　　在这种情况下，任何事情都可能发生。她可能同意你的提议，这意味着你和她可能将有一场美妙的约会。她也可能拒绝给你买饮料，并因此而甩了你。但你也赢了，即使发生了后一种情况，你也不必不安或气恼，不要做出任何反应，继续谈话，就好像什么也没发生一样。

　　这是一个绝妙的技巧，不仅适用于买饮料，也适用于任何你觉得别人向你提要求来试探你的情况。向他们表示你愿意，但他们也得做同样的事情来回馈你。这样，你就不会被任何人利用了。

No. 067
邀请对方展示出他或她的价值

在你展示了自己的价值（比如通过讲你如何穿着军装以搭便车的方式旅游了全印度的故事）以后，你应该等对方也来证明她的价值。如果你刚刚告诉了她有趣的事情，那就让她知道该轮到她来讲了。"该你了，你经历过的最奇怪的事情是什么？"当你们俩都以这种方式相互展示了价值之后，你们实际上也相互了解了一些对方的生活背景，这会加强你们之间的个人联系。你还应该对她与你分享她的故事作出鼓励，让她知道你很喜欢这样，向她表现出你对她说的一切都很感兴趣。

她得到的奖赏就是你的反应：表现出你真正在倾听，你在跟着她讲的每一句话，并时不时地对她恰当地提问。

在你再次展示自己价值之前，等待对方展示她的价值并不意味着不做出任何欣赏的表示。不要无缘无故地拍她的马屁，把这想象成一个打乒乓球的游戏：你不能一次连发两个球，但你也不能错过打回来的每一个球。很多人都陷入了一味奉承对方的误区，但真正性感的人只对那些值得的人表达由衷的赞美和欣赏。

No. 068
玩猫捉老鼠的游戏

如果你不断向对方摇尾巴，你很快就会丧失你的吸引力。从可得性那一章就能知道这一点。但同样的法则也适用于太过努力的情况。如果他不得不张开网来追逐你，而你一次又一次地避开他，那么他最终就会放弃。

保持有趣吸引力的诀窍就在于适当保留你的赞美。不时地赞美几句，让他知道你看见了他的价值，但是不要一路不停地赞美下去。让他付出更多一些努力来得到赞美，在他值得赞美的时候才赞美他，只有在这个时候才能赞美他。

这样，你就牢牢抓住了这个男人的心，使他更加努力来获得你的关注，并不断发现你令他兴奋。再一次，这个诀窍和可得性法则相关。但这样做也大声而清楚地证明了你心里的想法：你喜欢他，你想和他出去约会，但你不必为此迎合他。保持独立性在社交中有着极高的价值，它在男女关系中尤具吸引力。

No. 069
让对方总是想起你

如果你在和别人见面时保持积极的情绪，别人就会把积极的情绪和对你的回忆联系到一起。由于本书一开始就告诉你情绪是具有感染性的，所以他们对你的良好感觉会成为他们和你精神联系的一部分。你的梦中情人会不知不觉地在高兴时更多地想起你，即便你不在他身边，因为他无意识地把对你的记忆和快乐的情绪联系到一起了。

你可以把别人对你的记忆和你喜欢的某种感觉联系到一起。这样，你就有机会在别人最隐秘的性幻想中扮演角色了。如果你能经常使她觉得热血沸腾、坐立不安，她就会开始把那种感觉和你联系到一起。因此，猜猜下一次她独自一人进入这种感觉状态时，她的脑海里想的是谁？猜猜下一次你和她见面时会发生什么让你惊喜的事情？

她很难去想和你亲热以外的事情。这个技巧在对付潜在的竞争对手时也很管用。既然那个有着深蓝色眼睛的小伙子让你如此着迷，为他倾倒的恐怕不止你一个。但是，如果你能让他在你身边时感到性感，那么他就会潜意识地把这个感觉和你联系起来。以后当别人试图勾引他时，他受到吸引的感觉就会自然使他想起你，因为你就是那个经常让他有如此感觉的人。换句话说，他可以在你需要的时候想起你。

No. 070
对你投入情感就等于记得你

当你调情的对象向你展示了她的价值时，她实际上也在向你投入情感。这一点非常重要，如果你想继续见到她的话。假设你们第一次见面时你就给了她你的电话号码，那么你们第一次见面可能彼此很有好感，但第二次见面时的感觉就会大打折扣了。自从你们分开后，她也会有很多其他的印象，这些印象都会影响她对你的记忆。

如果你和她见面时没有让她向你投入情感，那么你给她的电话号码永远也不会被她用到，不论你们当时见面时有多有趣。她对你的记忆只不过是一瞬即过。如果你想让她第二天能拿起你给她的电话号码，那么你就必须让她对你投入时间和情感。这就是为什么你让她向你展示她的价值如此重要。如果她这么做了，她就会投入情感，从而形成与你之间的亲密联系，这会大大提高你再次和她约会的几率。没有这种投入，没有展示彼此的价值，你就永远玩不转。如果你还想再见到她，你就得对她意味着什么，哪怕你们已经有了一夜缠绵。

第五章
展示你的价值

No. 071
不要有求必应地表演

当你展示你的价值时，有时候你不得不自我吹嘘一下。有人会问你一些你碰巧知道的琐事，或者你会被要求唱你第一次去参加《美国偶像》选拔赛时唱过的歌。欲望男女们尤其习惯了拿别人寻开心，有时候他们甚至要你以某种方式为他们做个表演，只是因为他们已经习惯了别人这样做来讨好他们。

如你想与之亲热的对象要求你展示你的技艺，你应该拒绝。这看起来像是个展示才艺的有趣的完美机会，而对方提出的要求也是发自内心的、真挚的，他可能真的想看看你是怎么玩魔术的。但这**不是你展示自己价值的好机会**。如果你想给你的约会对象留下深刻印象，你就要立刻变得不那么有趣，因为你太过于努力证明你的价值了。自信自己有价值的人从不在每一次别人提出要求时都急于证明，只有那些缺乏社会价值的人才随时随地想证明给别人看。

额外提示

> 如果你真的碰到了这样的要求，你可以反过来提出同样的要求，请对方先做个表演让自己乐一下。如果他同意了，那么你们就很有可能建立起良好有趣的互动。谁知道呢，说不定还会来一首合唱呢。

No. 072
揭自己的短，显示自己是个有血有肉的人

很快，你的快速吸引力就会消失，你应该让他把你当做一个平凡的人来喜欢。他已经喜欢上了你的表面，是时候向他展示你的内在了。如果你希望他喜欢你，你最好看起来是个平凡的人，而凡人都不是完美的。因此，不要再吹嘘你的成就，而承认你是世界上最不擅长调鸡尾酒的人，让他知道你从来没有听说过街头艺术家斯林卡祖①，而且一辈子从来没有去看过芭蕾舞表演。

当你在调情过程中揭自己的短而不是尽力给对方留下美好印象时，奇怪的事情发生了，对方先是觉得吃惊，继而产生疑惑，最后变得更加被你所吸引。

我们习惯了别人把他们闪亮的形象呈现给我们，每个人都尽量在别人面前表现得酷或有趣。当你反其道而行之时，就会引发你的谈话对象产生一个微妙的意识，他会开始意识到能否得到他的赞赏对你来说并不是非常重要。你代表你自己，不会为了他而曲意奉承。具有讽刺意味的是，这反而使他对你更感兴趣。

做完美无缺的人还不如做有血有肉的人有吸引力。

---

① Slinkachu，斯林卡祖，一位创作微型街道装置的伦敦艺术家，他把他的作品放置在真实的社会生活场景中，并且从远景到特写拍摄成一组组照片。——译者注

No. 073
准备好女人的测试

女人几乎总是要试探那些企图与她们发生亲密关系的男人。这看起来似乎有点不道德，但这却是人类生存遗传下来的天然行为。不久以前，找一个能够保护家庭的男人是女人攸关生死的大事。因此，女人总是情不自禁地想去测试和她们在一起的男人，看他们是否有足够的勇气。

男人却没有同样的动力来测试女人，因为男人在人类进化史上关注的更多的是再生产，而不是生存。在女人怀孕生子的那段时间里，一个男人可能就能播下数百颗生命的种子。因此，女人才有必要挑剔一些。

女人的测试通常是以某种方式故意激怒男人，看男人对她的言语能忍受到什么程度。我不是暗示女人都是通过这个办法变成某某夫人的。这样的测试通常都很平凡，至少是很浅显的。它可以是这样的评论："你喜欢这部电影吗？我一点儿也不喜欢。"这里的游戏旨在看看你是否有自己独立的观点，或者你是不是一个容易改变自己立场的人。就像孩子总想试着去探索界限一样，女人会步步紧逼，直到触碰到男人的底线，受到男人的抵抗。如果你不进行任何抵抗，你的价值就丧失殆尽了。

如果你是个男人，不要因为漂亮的女人愿意跟你说话就冲昏了头脑，不要附和女人的每一件事，那不是女人想要的。如果你被测试了，或者被以你认为不公平的方式对待了，那就让她知道。当你让她停止这样做的时候，她可能假装不安或受伤，但是你越早阻止她，她实际上越会因此而尊重你。

她不是在故意残酷地测试你，甚至她自己都没有意识到自己在做什么。你能证明她在测试你的一个反射性反应就是：向她保证会让她得到安全并得以生存。把女人对你的测试当做你成为你所宣扬的那种男人的机会。

第六章

你的身体语言

如何无需言语潜意识地影响别人并让别人知道你要什么

No. 074
如何接近某个人

　　第一次接近某个人时，不要表现得像个热追踪导弹一样，那会把大部分人都吓跑的。当你接近一个新认识的人时，最好是对方已经看到了你。不要鬼鬼祟祟地去接近对方，那会吓到别人，使别人以后不论在什么地方看到你都吓一跳。最好的办法是先确保对方已经注意到你，例如，你先经过对方，然后从对方的前面一边说话一边走近对方，把自己始终置于对方的视野之内。这是最容易的也是最不具威胁性的接近别人的方式。

　　从正面接近也有用，但是你应该意识到那更带对抗意味。先观察你想与之说话的对象几分钟，然后想出最合适的接近对方的办法。

　　消除对方疑虑的一个经典办法就是运用你的身体语言给你们的会面暗示一个时间限制。比如，你几乎完全走过了对方身边，就好像你在朝着某个地方前进一样。接着，你停下脚步，转过身来，开始说话："简单问一下，你是……"这个问题听起来应该像是你突然想起来并且想知道的事情。继续保持站姿，仿佛你要继续前行一样：脸朝着别处，身体相应地稍微倾斜。等对方对你做出积极的回应，一旦得到了这种回应，你就把身体转过来面对对方，开始与之讲话。

　　由于你没有像从小盒子里跳出的惊奇小人那样出现，你就会让他在你和他说话之前就发现你，并做出对你的判断。你还暗示了你只是暂时待在那儿，因为你正要往别处去，这会让他放松下来。

　　想一想你的行动，你和某个人建立了很好的联系，而这个联系比实际上看起来要随意偶然多了。

No. 075
创造一个闪亮的登场

第一印象可能成就了你,也可能毁了你。因此,你应该确保创造出美好的第一印象,一个会持久的印象。每当你进入一个坐满了陌生人的房间,你都有机会创造出他们永生难忘的第一印象。

这全都取决于你如何行动,以及你在头几秒钟呈现出什么:带着闪亮的笑容入场,挺直腰板走路、头昂得高高的;环顾四周,看看四周的人们,看着他们的眼睛。如果那里有你认识的人,那就走过去对她说"你好"。向每个人展示你属于这个环境,即使这是你第一次到这儿来。

不要把你的双手揣在口袋里,不要把眼睛垂下来盯着手看,不要耷拉着肩膀、脸上露出惶恐的表情,就好像要趁别人看见你之前溜到角落里躲起来一样。

不论你碰到谁,你都以诚相待。向每个人展示你没有觉得受到任何人的威胁,你掌控着局面,但是要谦逊地传达这一信号。

这一行为会把你显现成一个非常强大而可亲的人。但是记住,这只是行为,是别人看到的你的行为,它不一定反映你对当时那个场合真实的感觉。实际上,你可能被吓坏了,责怪自己为什么要待在那里,但这并不要紧。就第一印象而言,唯一重要的事情就是人们所看到的你,你可以把你的其他部分掩饰起来。你的新行为很快会改变你对周围环境的态度,这一点你在前面的技巧中学到过,于是,事情就会进展得越来越顺利了。

No. 076
怎样给予对方真正的安全感

刚和你见面的人首先会关注你的面部表情,她关注的第二件事则是你的手放在哪里,你的手在干什么。

安置你的双手的最自信、最平和的方式就是把双手垂放在身体两侧,手掌自然张开。这个姿势使你可以随时准备好攻击,因为你的身体前面没有任何防护,而空着的双手也显示出你没有手握武器。换句话说,你在将你的弱点展露无遗。

给予对方真正的安全感(和假的安全感相比)的秘密通常是把你自己置于较差的位置。通过展现你的弱点,你在证明你相信自己有照顾好自己的能力。放低双手对你来说很自然,因为没有人能伤害你。有意识地展示弱点是自古以来代表生理或心理强韧的象征符号,而且它很管用,要知道,即使你紧握双手也并不意味着查克·里德尔①下个星期就不会踢你的屁股。

当然,实际情况并不总是这样,有时候,如果你不动弹,你看起来就会像瘫痪了或怎么的。但是记住,如果你握拳举起,你的拳头就会变成你和谈话对象之间的障碍。试着避免在谈话时把双手放在身体前面,尽量把它们放在两侧。当你和对方说话时,不要把双手挡在你们中间,一旦你这么做了,一定要马上移开。

额外提示

> 安心的人不会冲动,他们也不具有攻击性,不会神经紧张,或容易动怒。因此,不要夸张你的展现,慢慢来。通过缓慢地移动,和缓地说话并抑扬顿挫,你就向每个人展示了你对自己有充分的自信。

---

① Chuck Liddell,查克·里德尔,美国职业摔跤手,绰号"冰人",以其独特的"流线拳"而闻名于世。——译者注

No. 077
清晰地表达

为了让别人记住你,你需要强有力的表达。你的表达越有力,其他人就越觉得待在你身边很安心。

我说的表达究竟是什么意思?光是有意无意地运用身体语言是不够的。

表达就是像氪气石①那样闪闪发光。

表达就是做到清晰,虽然这很简单,但却很难做到。

你可以通过限制任何不必要的或者焦虑的身体语言(实际上,还有说话)来创造出清晰的表达。当你把信息中的杂音全部消除掉的时候,你所说的话语就变得更有力量,也更容易理解。这是一个简单的技巧,至少在理论上如此:专注地运用你身体的某些部分来清晰地表达信息,让身体的其他部分保持不动。试着只用面部表情,或者只用面部表情加上手势,不要再添加其他的身体语言了。不要焦虑地把身体重心从一只脚移到另一只脚,不要在说话的时候摇晃脑袋。

当你下次和别人说话时请想着这个技巧。注意观察这个技巧在听你讲话的人身上产生了什么效果。你的信息越清晰,其他人就越喜欢倾听你。

清晰地表达是一个非常普遍的社交技巧,如果你想交好运的话,这个技巧尤其重要。

---

① Kryptonite,氪气石,是一种只存在于超人漫画中的虚构矿物。超人的故乡氪星深层蕴藏大量氪气石。它在不同温度下可变成不同颜色,它可以改变氪星人的身体和性格,也可令普通人具有超能力。——译者注

额外提示

如果你觉得拙于遣词造句,有一个训练你的身体语言的捷径:试着无声地移动。当然,这在真实生活中几乎不可能做到,除非你打算下半辈子都一直戴着大而柔软的拳击手套,但请尽可能试着这么做。下一次当你把咖啡放到桌子上时,不要发出巨大的声音,在拉椅子之前先把椅子抬起来。注意这个方法会教你做出更好、更优雅的动作。

No. 078
一次只和一个人调情

我们想拥有所有最好的事物，但不论我们拥有什么，我们总是觉得还会有更好的东西出现。我们毫不怀疑下一代 iPhone 会更加乐趣无穷，我们对人也是这样。你肯定不希望你调情的对方开始想着待在另外某个人身边会不会更好。因此，你得确保这种事情不会发生。你得让对方觉得和你说话是如此有吸引力、令人兴奋的事情，以至于他甚至没有注意到他每次望向斯凯丽那边时她都在舔嘴唇。

当然，同样的道理也适用于你自己的行为。你也不能一直不断地寻找更好的人，尤其是在和某个人说话时更不能这么做。不要把眼光投向其他的人，或者把眼光越过对方的肩膀去看其他人，这会使你的焦点不集中。和你谈话的人正在告诉你某个建筑物是多么壮观，你应该专心倾听。给你眼前的人 100% 的注意力，绝不能少。至少，如果你希望她给你一个机会的话，你就得证明你值得她这么做。

你知道听你讲话的人每 5 秒钟就扫视一下其他地方是什么滋味，不要以为你这么做不会被发现。每当别人把目光移开（或者看向我们的胸部）时，我们总是能立刻察觉到，即使这个小动作只花了不到 1 秒钟。你向谈话者以及任何可以察觉到你的人传递出来的信息是非常明确的：你是个没有希望的机会主义者。

No. 079
利用我们的硬编码

我们基因的硬编码决定了我们觉得哪些特征有吸引力。美的普遍特征就是干净、健康的皮肤，大大的、闪亮的眼睛和大嘴。这些特征都有一个共同点，它们都出现在年轻健康的人身上，也就是说，这样的人更适宜生出健康的孩子。

我们大部分原始的关于美的标准都是由于我们的基因促使我们为了繁衍后代而追求的（这也解释了为什么无数个研究一再证明女人在排卵期都喜欢去追求美男子以达到最佳生育的状态：美男子看起来似乎能繁育出更优良的后代。然而，在排卵期以外，女人们则一般认为美男子靠不住，因而喜欢追求看起来更体贴的人，因为在非排卵期不需要考虑生育的问题）。

这就是现实，我们的基因决定了我们要追求美，你不必因为发现这样的事实而难过，你无法改变这个事实。人们花费了数千年来涂抹过多的唇膏，通过巧妙的化妆使他们的眼睛看起来闪闪发光，或者额外花一小时的时间来锻炼自己的肌肉，所有这些都是为了增进他们交好运的机会。你无需因为做同样的事情而感到不好意思或肤浅，就这么做吧。我是说，要怪就怪基因吧。

No. 080
你的姿势显示了你的健康状况

在上一个技巧中，我们讨论了我们得自遗传的美丽标准。其中一个标准就是健康。在石器时代，很重要的一件事情就是不要和一个病怏怏的人繁育出衰弱的后代。此外，你还希望你的配偶能够健康地帮助维护家庭。这就是为什么我们觉得健康的人有吸引力的原因。

你可以通过检查一个人的姿势来评估他的健康状况。腰板挺得很直、昂首阔步的人看起来健康强壮，这样的人准备好了面对世界。相比之下，弯腰驼背、垂着眼皮缓慢地靠边走路的人则给人衰弱无力的印象。

健康不仅是身体上的健康，还有精神上的健康。你的姿势清晰地发出信号表明了你的情感状态是否稳定。因此，挺胸抬头吧，如果你还没有这么做的话。

当你把自己的姿势变得更挺直、更有力的时候，你的身体看起来就非常健康，这也自动地带给你一种骄傲、勇敢甚至性感的感觉！这些感觉会反映在你的个性和身体语言里。

No. 081
你的情绪也通过身体反映出来

　　你的身体姿势显示了你的健康状况，也显露了你的情绪状态。如果你心情低落，你的整个身体都会表现出来，会像经过一个假期没人打理的室内植物那样耷拉下来。如果你不确定别人是怎么看你的，你就会低垂着眼睛避免和别人有目光接触，就像一个神经紧张的中学生第一次跳舞一样。然而，如果你觉得快乐和满足，你就会伸展身体，昂首阔步。

　　当你和别人说话时，你的情绪也会影响你的站姿。如果你不确定自己是不是受欢迎，那就让自己和对方处在80～120度角的位置。和对方正面以对就显得十分亲密，但这样的位置也容易受到攻击，这样的站姿也表明了你充分信任对方，深受对方吸引。因此，双方最好是用身体的两侧相对，这会让彼此安心很多，因为万一受到攻击的话，你也只有身体的一小部分面积暴露在对方面前。如果你对对方真正感兴趣的话，你最后可能是用身体正面来面对对方的。幸运的是，所有这些也可以反过来运用，你可以通过改变你的姿势来控制你的情绪。你的大脑已经把不同的行为和不同的情感状态联系起来。通过做出某种行为，你就可以引发出与行为相应的情感状态。当你腰板挺直、昂首阔步、面带微笑时，你是不可能情绪低落的。同样，当你懒散无力、眼睛盯着地面、面带痛苦的时候，你也不可能觉得开心。

　　记住，别人会根据你的姿势来判断你的情绪。用你的行动发出积极的信号，对别人也对你自己。因为，你难道会觉得忧郁、压抑的人有多大吸引力吗？

No. 082
一开始就做到清晰

记住,不论是散发出迷人香水味儿的那个女人,还是戴着奇怪帽子的那个男人,他们现在都还不认识你,他们不会像你的朋友们那样容易理解你,你需要让他们容易理解你说的话。

一开始,使用清晰的甚至几乎夸张的身体语言是件好事。如果你传递出含蓄的信号,对方很可能没能领会,因为他或她还没有充分的时间来了解你。一旦你们彼此走近以后,你就可以开始含蓄了。但在那之前,你必须放大你的身体语言。

也不要忘了运用你的面部表情。清晰有助于带来安全感。不要表现得像个卡通人物,但可以像它们那样直接坦率,至少在一开始要这样。

No. 083
不要自相矛盾

确保不要发出易让人混淆的信号，不论是在一开始还是后面的进展过程中。如果你的话语在说一件事，那你的身体语言也必须传递出同样的信息。如果没能做到这一点，别人就很难理解你。传递出混淆的信号会让别人认为你自己也不知道自己想说什么，你可能确实如此，或者更糟糕的是，你假装如此。

因此，你应该心口如一。否则，你的身体会背叛你，它会在不知不觉中暴露出你的真实感觉，而和你说话的人会立刻察觉到这一点。

试试看，在回避眼神接触的情况下说"我爱你"，你就知道我说的是什么意思了。

No. 084
在目光接触前微笑

当别人和你发生目光接触时，对别人微笑是件好事。但有时候，也有可能遭到误读：为什么他突然那个样子对我笑？他现在就想吃了我吗？还是说他看见我的牙齿上还粘着中午吃的菠菜？你付之微笑的对方可能觉得你在挑剔他们。

表示你很高兴见到某个人固然是件好事，但是如果你在目光接触后才微笑，那么你的用意就太露骨了。通常，在寻求目光接触之前，你最好是已经处于良好的情绪状态，也就是，已经在微笑和享受着。接着，当你还在因为朋友刚刚告诉你的有趣故事而微笑时，你试着和你想引起其注意的那个人进行目光接触。

你在微笑，因为你本来就在笑，而不是现在为了表示肯定别人才在笑，你在向他们展示你是个阳光开朗的人，目光接触意味着你在邀请她加入你令人愉快的世界，一同分享快乐。

你也有你自己的小秘密，这意味着你……而我前面说过，秘密可是相当有价值的。

No. 085
展示你们相像是很重要的

想一想，你最好的朋友是不是经常说出你正在想的事情？两个亲密的人能很快进入彼此的思维和交流，这也意味着他们互相反映彼此的身体语言。

他们使用相同的手势、用同样的姿势坐下，以同样的方式歪着头。如果只考虑到他们的身体语言的话，真正亲密的朋友有时候很难区分。

你可以利用这一点来迅速建立你和你心仪对象之间的联系。观察对方的行为，他或她的行动是快速还是缓慢？讲话是大声还是小声？最常用哪个手势？记录下这些，并学着用同样的方式行动。

如果他讲话节奏快，手势幅度大，那你也这么做。

如果她身体稍微前倾向你，双手平放在桌子上，那你也这么做。

当然，只是简单地模仿对方并不是交好运的好办法，这些行为反而会让别人以为你是个神经病。不要做出和对方一模一样的行为，但要以相同的**风格**来采取行动。如果你想模仿对方的某个手势，那就等她做完那个手势几秒钟之后再做，而她也不会意识到你刚刚像她那样抚弄了一下头发，她只会觉得你们俩很接近。

我们喜欢和像我们自己的人建立联系。别人越像我们，我们就越喜欢他们。我们理解他们，喜欢他们的幽默感，并且想触摸他们。

模仿别人的身体语言，发出清晰的信号，表明你们俩很相像。这是一个非常重要的工具，没有这个工具就不大可能和对方建立起亲密的私人联系。

No. 086
绝不要用表示你难对付的姿势

女性职业者在讲话时大都喜欢某种方式的站姿。她们的腿稍微有点分开,她们的重心都在一只脚上,而另一只脚的脚后跟则微微抬起。一项研究表明,每个女性主管在开会时的头半个小时都会使用这种挑衅式的姿势。具有自信的女性也尤其喜欢用这种姿势。

男性职业者则喜欢双脚分开与肩齐宽,头稍微倾向一侧,双手垂放在身体两侧,或者把大拇指揣在口袋里,手指则指向胯下。很微妙,嗯哼?

不论你是个男人还是女人,我建议你都不要采取这类站姿,因为那毫无必要地暗示着冲突和挑衅。你很难在向别人展示你是多么难对付的同时与别人建立起情感联系。

如果你碰到有人采用了这种站姿,你就知道自己正在应对一个充满自信的家伙。当然,对这种行为最好的回应办法就是压根儿不要理会他或她。你还有很多重要的事情要做,可没时间来理会这种你甚至不认识的人。

No. 087
身体上的支配不等于性感

男士们,注意了!不要用你的身体语言来胁迫别人。有很多种方式可以让你获得魅力最差奖,比如,站得离她太近,身体倾斜向她,把一只手的手掌抵在墙上,另一只手则揣在口袋里,伸出一条腿挡住她的去路,或者把所有这些动作都结合起来,再配上一个自鸣得意的露齿而笑,对她说"小甜心"。

故意伸出手臂挡住她的去路已经足以令她讨厌你了,不幸的是,男人们太习惯于用这些支配性的技巧了。历史上肯定有人以为这么做会显得很性感,但实际上不是。

如果你试图用这种方式掌控局面,你就会像一个不知廉耻的自大狂。以上这些动作没有一个能给你加分。因此,绝对不要使用它们。

No. 088
拉开距离，看看对方是否跟进

在进展过程中，检查一下双方是不是已经协调同步是有必要的，尤其是如果你还想和对方有进一步的艳遇的话。通过正确地使用你的身体语言，你可以在不被对方察觉的情况下邀请对方展示他或她对你的兴趣。这只需一个小步骤即可做到。

当你想测试你们已经进展到哪一步时，你可以先退后一步，以拉开你和对方的身体距离。这是对他发出的一个清晰的邀请，邀请他加入到你的私人"空间"里来。在做这件事的同时保持目光接触是很重要的。如果你退后一步，并且中断了眼神交流，对方可能误以为你希望跟他保持距离。这可不是你想要的结果，因此你得用眼神继续把他拉近，看看他是否会无意识地跟进以便再次靠近你。如果他这么做了，那就表明他已经准备好跟你进一步发展关系了。如果他没有跟进，那就表明你和他之间的联系还不够强大。因此，继续和他拉拢关系，稍后再重试一次。

No. 089
指出你想要的东西

我们通常指向一些事物，这些事物大部分是我们所喜欢的。我想要那个！

当我们被某个人吸引时，我们常常以同样的方式指向他们，但我们不会公开伸出手指指出来，因为那看起来真的很怪。我们不那么直接表现出来，而是以更诱人的方式这么做。我们用眼睛来指向他们，用双手和手臂、腿和脚来指向他们。你可以用这个技巧来微妙地表示你对某个人感兴趣，即使你们之间隔着一定的距离。

如果你正在和几个人说话，变得对其中一个人感兴趣，那么你可以通过把你的脚和手朝向那个人来表示。被你指向的那个人会觉得不一样，好像他得到了你更多的关注一般，即使你当时正在和另一个人说话。

No. 090
吸引他们的视线

除了指向我们所喜欢的东西以外，我们还通过指向来吸引别人的注意力……或者使他们注意我们身体的某些部分。早在很小的时候，我们就学会了看别人正指向哪里，因此，我们也经常指向我们觉得自己身上最棒的部位。这解释了为什么自信的男人常常把手指揣在口袋外面，指向自己胯下的部位。

女人惯用的一个诱惑手法就是一边专心地听男人讲话，一边用手背撑着脸，让低垂下的手指指向自己的领口处。于是，说话的男人就不得不挣扎着顺着她手指的方向去看她相应的身体部位——胸部。

我们还指向一些在非语言交流中扮演重要角色的身体部位，比如眼睛和嘴巴。如果你把手肘放在桌子上，用手托着脸，把食指指向你的太阳穴，那么对方就会把注意力移到你的眼睛（因为你正指向它们）。你也可以通过把头发捋到一边，或者在做字谜游戏的时候挠你的太阳穴，来达到同样的效果。这在调情中非常重要，因为这个巧妙的方式可以让对方更多地看你的眼睛。通过控制对方的视线，你可以毫不费力地让他或她为你着迷，而你要做的只是巧妙把对方的视线引向你的眼睛、胸部或肌肉，你的胯部，你的嘴唇，然后又引回到你的眼睛，观察对方眼里闪烁着的火光。

额外提示

当你和对方目光接触时，确保把这一接触置于积极的情感状态。当你指向你的眼睛时，你应该微笑，说出对她的赞美，或者说一些逗乐她的话。由于你语言的引发，她会体会到温暖的情意，并把这种感觉和看你的眼睛联系起来。这就是浪漫！

No.091
借由触摸变得更亲近

触摸是男女关系中一个非常重要的元素。你越喜欢谁，你触摸他们就越多。幸运的是，你触摸他们越多，他们也越喜欢你。

今天，我们对触摸已经变得如此陌生，以至于一个陌生人对我们轻柔的、带着尊重的触摸能变得比以往更让我们难忘，即使这个触摸只是轻轻地拍一下我们的背请我们让个道。当然，**所有这些都假设触摸的方式是恰当的**。如果你在错误的时间触摸了错误的人（或者触摸了他们错误的身体部位），后果就是灾难性的。

每个人都能感觉到什么是恰当的什么是不恰当的，这种感觉基于各种事情，比如情绪、先前的经历、童年的记忆，等等。但有一条基本原则，靠近我们生殖器的区域是最禁忌触摸的，而离这个区域越远的身体部位，触摸起来越安全。因此，当你战栗着去触摸你心仪的对象时，最好一开始是触摸比较安全的部位，比如对方的手背、前臂或上臂、肩膀，等等。

如果你试图触摸你并不熟识的人，你就得为自己的触摸找借口，不然会显得很怪。一个明显的借口就是让对方去看你指向或望向的某个事物，比如橱窗里一双漂亮的运动鞋，或者街道上的一个大水坑。当你这么做的时候，你用手指触摸他的手臂。如果你是坐着的，你还可以倾斜向他，使你在触摸他时你们之间的距离更近，这会制造出一种亲密感。

当他说了某件很有趣的事情时，你也可以触摸他，你们俩都在大笑，或者你玩笑似的拍一下他的肩膀。其他可以触摸对方的好时机就是，当他向你诉说了某件个人的、令人惊讶的或者你完全赞同的事情之后。换句话说，就是在你们创造出亲密氛围的任何时候。

No. 092
触摸的幅度不要太大（一开始的时候）

当你第一次小心翼翼地试图去触摸你想与之发生艳遇的对象时，不要让你的触摸显现出太强的象征性或目的性，否则对方会感到极不舒服。你可以因为什么事情嬉戏般地触摸她一下，并同时做一件其他的事情，比如指某样东西给她看，或者掰手腕儿、跳舞等等，不要让她觉得你的触摸带有某种特殊的暗示。一开始的时候，你的目标只在于让她习惯于被你触摸，她觉得你的触摸很自然。

这也意味着你的触摸必须是短暂的，要在她能够打断之前就中止。把触摸做得像拿自己的咖啡杯那样普通，这就不错，你要做的只是让你的手指拂过她的手臂。你希望她怀念你的触摸，而不是把你的手从她腿上拿开。不经意的、短暂的触摸，既不明显也不刻意，是她能从任何人那里接受的进一步改变。

不要担心，有目的的触摸会在以后发生。

不要忘了在触摸的时候注意观察对方，这样你就能在下一次试图触摸前知道她是否喜欢你的触摸。如果她绷紧了身体并后退了一步，移开了你的手（如果你还没有把你的手移开的话），那么你就应该留出她想要的空间，你太急于求成了。试着继续保持开放的、邀请式的身体语言，但要清醒地意识到对方需要与你保持多大的距离才能觉得舒适。

如果她对你的触摸作出积极回应，那么你就知道她也对你感兴趣，甚至还会反过来触摸你！

No. 093
用身体语言发出邀请，以便让别人敢和你说话

正如你从经验中体会到的，开始和给我们深刻印象的人说话多少是有点令人害怕的。如果你想知道去公交车站的路怎么走，去问一个相貌平平的妇女总是比问一个超酷的帅哥或者每个人都注目的美女要容易得多，更不用说去和一个名人搭讪会让你感到多么不舒服了。

这个问题对你来说不再成为问题，因为前面那些技巧已经教会你如何在让对方感到舒服的情况下接近对方。但是记住，拥有了这一崭新闪亮态度的你，也可能成为那种别人不敢和你说话的人！

当你展示出强烈鲜明的个性，成为众星捧月式的人物时，这可能成为那些想接近你的人的障碍。当然，更多的人会被你所吸引，发现你是个很有趣的人。但是矛盾在于，同样这个原因也会使他们很难采取行动接近你，因为你已经变得更有魅力、更耀眼了。

这并不是说你应该回到缺乏魅力或趣味的状态，但是你必须确保你在向别人发出邀请。使用放松的、清晰的和开放的身体语言，向他们展示你是友好的、无刺的。当你面对某个人时，请正视他们并面露微笑，这会使他们更容易接近你。但有时候，这些还不够，你可能还得准备好主动采取行动，即便是对方看起来有兴趣跟你说话的时候。

第七章

别人的身体语言

如何解读和利用别人传递给你的无意识信号

No. 094
注意象征性的动作

别人的身体语言就像一个装满了无意识信号的点心盘,这些信号向你揭示了他们想(和不想)跟你做什么。

这里有一个需要小心的有趣信号:当我们为某人心动或着迷时,我们开始用触摸我们喜欢的东西的方式去触摸那个人。男人通常开始挤压摩擦手里拿着的任何东西,如果那个东西碰巧是圆的,比如一个酒杯或一个桔子,男人就会把它从一只手里滚到另一只手里。女人则会心不在焉地抚弄书页、钢笔,或者将手指在酒杯上滑动。

如果身体语言是个点心盘,那这样的表现就是根奶油吸管,它暴露出这是一个满脑子想着性的人,当你们面对面相处时,如果他的性幻想不是关于你的话,那么一定是你什么地方做错了。

当然,我们可以有意识地做这些动作,但这些动作通常都出现在我们没有关注自己行为的时候。这里的象征含义几乎是赤裸裸的,我们的无意识看起来似乎都是80年代电影里的那些微妙场面。

No. 095
不由自主地触摸

当你为某个人神魂颠倒时，你的皮肤会变得非常敏感。突然间每件事情都变得更真实了。一只手轻碰你的手臂，在往常本来是很平常的一件事，但现在却让你的心中缓缓地绽放出火花。

由于我们喜欢快乐，当我们处于快乐情绪时，我们经常开始表现出一个行为：不由自主地触摸。在不知不觉中，我们开始触摸自己，触摸我们身上那些变得更敏感的部位（好吧，我是指在公共场合触摸也不会被捕的部位）。

我们最喜欢触摸的部位有脖子、脸和嘴唇。尤其是嘴唇，当情绪高涨时，它变得更加敏感。如果你注意到你调情的对象开始用她的手指触摸自己的嘴唇，或者在你说话时触摸自己的脸颊，你可以肯定她的一部分思绪飘到了你正在说的放风筝比赛以外的事情。

> **额外提示**
>
> 不由自主地触摸除了表示当事人感觉很好以外，它也是表示爱抚正看着你的对方的象征符号。因此，你可以有意地使用这个符号，向对方传递出信号。触摸你的嘴唇，或抚弄你的脖子，让她潜意识地察觉到你想和她做一些讨论，比如一起参加除《美国偶像》以外的事情。

No. 096
注意微表情

我们大部分人都在脸上展现出微表情，这些微表情暴露了我们强烈的情感，但它们都非常短暂，一瞬而过，通常只出现不到 1 秒钟的时间。它们是条件反射式发生的，我们真不知道自己呈现出了这些微表情。

当我们发现对我们很有吸引力的人时，我们有一个特殊的微表情。我们会瞬时扬起眉毛，把眼睛睁得更大，让光线更多地反射进来，从而使眼睛变得大而闪亮。当然，这使得我们更有吸引力。

我们还会迅速地抬起肩膀，然后在扬起眉毛的同时把肩膀再次放低，就好像肩膀和眉毛几乎是连接在一起的一样。

肩膀和眉毛的上升只持续 1/5 秒。此后，它们就消失了。换句话说，它们很容易被忽略，但是如果你看到有人这么做，那就是一个好信号，表明这个人为你所吸引。

由于这种面部表情通常是潜意识的反应，当事人甚至还没有意识到他为你所吸引。但是微表情是不会撒谎的，你比他更早知道他喜欢你。

No. 097
打开交叉的双臂——最便捷的办法

身体语言中最臭名昭著的姿势就是交叉抱起双臂。无疑，交叉双臂意味着抵抗或反对，但是它们也有其他的含义，比如，交叉抱起双臂也是让双臂舒服地休息的一种方式，或者你因为感到冷而抱起双臂取暖。

然而，如果你碰到一个交叉紧抱双臂的人，你得尽快改变她的这一姿势，不论她紧抱双臂的原因是什么。如果她交叉双臂是下意识地表示抵制你，那么你当然得拆开你们之间的隔墙从而更接近她。即使她并没有抵制你的意思，试着让她的身体语言更开放也是相当有意义的。你瞧，交叉抱起自己的双臂，我们就会觉得不太容易接受外来的信息和事物，我们变得更重视自己的想法。

交叉的手臂使我们更难接收外来的印象。如果你在看电影或读文章的时候交叉双臂，会比把双臂自然垂放在身体两侧时记得更少的内容。

如果你调情的人对外部世界怀着抵触的情绪，那是件糟糕的事，因为你也是她所抵触的外部世界的一部分！而你是有可能使她更容易接受你的。因此，每当她交叉抱起双臂的时候，你应该做些什么来阻止她。幸运的是，这里有一个简单的办法：拿样东西给她，比如一本书、一支钢笔、一个杯子，等等，让她拿一会儿。"请帮我拿一下这个，可以吗？"这就迫使她改变她的姿势，打开她自己的身体语言。

No. 098
打开交叉的双臂——建立联系的办法

另外一个打开对方交叉抱着的双臂的办法就是像镜子一样反映出对方同样的行为。他紧抱起来的肌肉发达的双臂也许是个表明你操之过急的信号，你可以退后一步，交叉抱起你自己的双臂来同步改变你的身体语言。

当他看起来比先前更放松时（注意他的姿势、面部表情和语调是否放松下来），你松开你的双臂，希望他也能跟着你松开双臂。这个办法比上一个办法慢，而且需要更多的练习。但是这个办法的效果更为持久，因为你已经向他展示出了你们俩是多么相像。

> **额外提示**
>
> 如果她在交叉双臂的同时还握紧了双拳，而当时气温又不是很低的话，你可能得考虑抽身而退了。你瞧，交叉的双臂、紧握的双拳是本能的表示敌意的信号。在这里，你可以试一试这样的方法：给她留出空间，展开你的手掌向她展示你的善意，并放松你的脸。如果她没有跟着你做同样的动作并放松下来，那此刻你最好三十六计走为上了。你不会和她有什么艳遇的。

No. 099
辨别真笑和假笑

她看起来真的对你感兴趣,她的笑容灿烂美丽,但她不停地要求你为她的朋友们买单。你知道她是个出了名的愤世嫉俗的感情玩弄者,但她看起来真的喜欢和你待在一起,你怎么知道这一切是真的呢?

如果你不想一次又一次地受伤的话,学会辨别真笑和假笑是非常重要的。真笑总是对称的,也就是说嘴巴两旁抬起的幅度是一样的。而伪装的假笑,则可能出现一侧抬得比另一侧高,这不是真正感到开心的信号。对方有可能是用假笑来避免伤害你,有可能是表明不安的一个信号,有可能是表示讽刺的笑,或者是扭曲出来的赔笑,揭示出他并不真的感到好笑。但假笑根本不显示出任何温暖、真挚的感觉。

在真笑中,下巴总是放松的,眼睛下面的皮肤会拉紧,眼角会出现皱纹,眼部周围的肌肉也会拉紧,但不像是微闭眼睛斜视的那种样子。幸运的是,假笑是不容易打动知道自己要什么的人的。如果有人斜视着你,并露出假笑,那么你就应该知道他们不像他们想让你以为的那样喜欢和你待在一起,他们看起来更像是发现了美味猎物的老虎。

No. 100
脚和腿暴露了真正的兴趣所在

当我们看到吸引我们的人时,我们会立刻审视他们身上的各个部位。主要的,我们是看他们的眼睛、脸、胸、屁股、脖子和手臂。但是有一个身体部位我们大部分人都完全忘了……

那就是脚。

也许你认为脚不是身上最性感的部位,但是一个人的脚可以暴露出他或她对你有多感兴趣。当两只脚都直接冲着另一个人时,这是一个清晰的潜意识的信号。如果你们面对面站着,他可能将一条腿向前迈出一小步,使他的双脚分开,让其中一只脚"指向"你,另一只脚则对角撇开,同时也把重心放在那条腿上,这预示他即将离开,至少,他的想法是如此。如果你想知道他要去哪里,或者要和谁待在一起,那就看看他那只脚指向谁。

如果你们是挨着坐下来,她交叉着双腿,那你得注意看看她的双腿是紧紧交缠在一起,还是"张开"的。也就是说,看看她的一只手腕是不是放在膝盖上,从而和双腿形成一个三角形。如果这个三角形是面向你的,那么她的双腿就不会成为你们之间的障碍,你交好运的可能性就非常大。

No. 101
悠然地跳舞，不要乱了舞步

　　如果你想赢得的那个魅力男人突然后退了一步，这可能是一个表明你操之过猛、操之过急了的信号。只有当你绝对地确定他是在邀请你和他走得更靠近一些时，你才可以向前迈一步跟上他。你得观察他展示出来的其他信号，确定他究竟是不是在邀请你。如果你不确定，那你就退后一步，拉开你们之间的距离，看看他是不是要跟上来。要等他感觉舒服到足以向你走近一步，你才能做同样的事情。

　　尽管我在这里使用的是"步"这个词，但实际上描述的不一定是脚步，也有可能是对方在和你谈话时往后靠了一下或者转了一下身。注意他发出的任何表明想要更多空间的信号。当你注意到这些信号时，你就做同样的事情（比如往后靠一下、转一下身，等等），帮助他在不中断你们之间联系的情况下获得他所需的空间。你还应该清楚地向他表明你并不急于求成，这通常是他需要的，他感觉到后自然会放松下来。

No. 102
他们的眼睛在看你的嘴唇

当我们看着人们的脸时，我们都是沿着三角路径在看，我们的眼睛先是来回看对方的眼睛，然后绕道去看鼻子。

如果你被你所看的人吸引，这个模式就会改变。你仍然会花大部分时间看他的眼睛，但你越是对他感兴趣，你就会花越多的时间看他的嘴唇而不是鼻子。

你可以轻而易举地在别人身上观察到这一行为。如果你感兴趣的那个人在你说话的时候越来越多次地看你的嘴唇，这可是一个好信号，因为嘴唇是人身体上最敏感的部位之一，它有强烈的肉欲冲动。（根据一些人的看法，嘴唇也是非常富于象征意义的——**蠢蠢欲动的红唇**能让我们联想到哪些画面呢？）

如果她每次看你的嘴唇之前都有一个技巧性的、不由自主地对你的触摸，那么你就该知道事情正如你希望的那样了。试试轻咬你的嘴唇，或者**时不时地**用舌尖润湿嘴唇，看看这些动作是不是吸引了她的注意力（这里的关键词是**时不时地**——不要像电影里那样做这些动作）！在这种情况下，你就该知道她不只是用眼睛在盯着你柔软的嘴唇了。

额外提示

这个信号和很多身体语言一样，也可以反过来用。如果你想开始对某个人想入非非，那就让你的眼睛时不时地停留在他的嘴唇上。这其中的暧昧会在整间屋子里缓慢发酵。

No. 103
怎样阻止对方目光的游离

有一种行为很容易注意到但却很难应对：如果他在谈话中明显地表示出对你的兴趣，但却开始环顾整个房间，就好像他马上要离开一样。出现这一行为可能有很多原因，也许是这个家伙到目前为止喜欢和你待在一起，但他也一直在寻找比你更好的人。或者，是你没留意到这个女孩告诉过你 5 分钟后就得去某个地方，而现在她正不耐烦地听你把话说完。

也有可能他是和别人约好在那儿见面的，他只是借由和你调情来打发时间，等待他那个可心人儿出现在你们所在超市的入口处。

这是一种你必须立即作出反应的行为，因为和一个根本没有把心放在你身上的人发展联系是不可能的，而且对方这么做也非常粗鲁。

因此，你可以指出来。"你看起来像在找什么人。你的朋友吗？还是说你在等什么特别的人？"如果她有男朋友，刚才只是出于自我感觉良好而和你调情一番，那么她可能会和你马上说明。因此，最后就取决于你了，就看你的道德和你有多想继续留下来了。

如果他只是一般性的分神，而你指出来以后，他有可能马上收神专心致志地和你说话，也有可能就此告辞到其他地方去。

不论是什么结果，都比以前的状况更好。

No. 104
注意混淆的信号

从前面的技巧中，你知道保持身体语言的一致性是很重要的，你的话语和你的身体必须传达同样的信号。

注意别人发出的混淆的信号。有时候，你会同时得到好几个信号，你很难辨别其中哪些信号应该认真对待，哪些信号可以忽略不计。真的很忙但又对你有兴趣的人留给你的印象可能让你摸不着头脑。她发出了对你感兴趣的信号，但是她的身体重心，以及其他的身体语言都表明她正准备离开。

如果在酒吧里，一个家伙的调情话语非常大胆，而他的身体语言却又表达出另外的意思，那你就应该相信他的身体语言。有可能有什么理由使他不能做他嘴上说的想和你做的事情。但是现在，他已经上了钩，结果如何就由你来决定了。

让他自由离去通常是你能对他做的最好的事。

但是如果你认为和他在一起的那个人配不上他，你可以运用本书教过你的技巧来改变他的态度，以便你们将来有机会约会。

一切取决于你。

No. 105
观察他们是如何对待他人的

如果你对某个人有兴趣，你会想很快知道他或她究竟是什么样的人。但是，如果对方也对你感兴趣，那么他或她就会在你面前表现得尽可能的好，这就使你很难得知他或她真正是什么样的人。

你可能得花好几个星期才发现那个最初看起来轻松自如的家伙实际上是个神经质的废人，他为他自己的妄想症以及世界上每件糟糕的事而责怪你。

或者那个看起来温暖热情的女孩只是在演戏，她实际上对你毫无热情，她只是利用你来打发时间。

一个悄悄地观察别人的好办法就是看他们是怎么对待其他人的，因为其他人不像你。她是怎么对 7－Eleven 柜台后面的那个小孩的？他对他朋友的态度怎么样？他有朋友吗？

通过这个办法，你可以悄悄地了解到真实的他。在你得到和他的朋友们一样的待遇之前，你会知道他究竟是一个热心肠的人，还是又一个混蛋。

你甚至能够运用你的观察能力避开麻烦：如果你发现了一个令你倾心的人，请在拜倒在她石榴裙下之前先等一等，看看她是如何对待他人的，这会帮助你从可能发生的头疼问题中解脱出来。

No. 106
不要急于下结论

别人的身体语言可能提供很好的、很清晰的线索来理解他们隐藏的或无意识的动机，但这也并非一个完美的办法，非语言性的交流可能非常模棱两可。一个常见的错误就是在还没有得到足够充分和确定的信息之前，就很快对别人的看法和感觉下结论。因此，在你所处关系的基础上，请使用你的常识来判断你感觉到的信息是否有意义，而不要一厢情愿。

你应该确定对方传递出来的信号都是朝向你的，坐在你对面的不是一个做白日梦的、无意于房间里其他人的人。

如果你只根据一个姿势就作出判断，那么你的判断是不确定的。有时候，指向某个方向的脚只是一只脚而已。小心"一连串"姿势，也就是同时发生的好几个非语言性的信号。一串可靠的信号应该是四个同时发出的信号。如果某个人朝着你扬起眉毛，在一个半小时后又问你是否满意你的午餐，你就不该对此想得太多。但是有人向你张开了双臂，身体朝你倾斜，眼睛同时睁得很大并且面带微笑，那么他显然是很高兴看见你。

即使你完全确定有人刚刚用一系列积极的身体语言轰炸了你，你仍然不能放松，所有这些信号都只意味着那个人现在正在和你玩。如果你没有注意到的话，这些可能迅速改变。他的信号需要即刻的回应，你不能忽略和错过。这些信号告诉你该做什么（不该做什么），来促使你们之间的关系朝着正确的方向进展，也就是朝着如何交好运的方向进展，而不是反其道而行之。

第八章

眼　睛

怎样运用你的眼睛来迅速激发强烈的情感

No. 107
目光交流要专一

如果有个你想与之约会的人在看着你,那么无论你们是坐在同一个陶艺课程班的乱糟糟的桌边,还是在一场教堂婚礼上相隔着七把椅子,都无关紧要,你会自动去发现当她没在看你时在看什么。

首先,你会看她还看了**其他什么人**。很多人因为先和一个人进行目光交流,接着又和另一个人目光交流而失去了成为别人亲密情侣的机会。

任何人在第一次目光接触中感觉到特别后,看到你又去看了其他人,都会立即觉得自己被利用了或被替代了。如果你对别人这么做,你就陷入了大麻烦。没有人愿意被人在十个潜在候选人中间选择。

吸引力必须是即时的、情不自禁的。一旦你和你想与之亲近的人进行了目光交流之后,你的眼睛就只能停留在对方身上了。

至少,你得假装这样。

No. 108
用你的眼睛表达你的感觉

你可以观察其他人脸上的肌肉运动,有时候你甚至可以在不被对方察觉到的情况下这么做。即使对方只是在"心里发笑"而嘴角没有牵动,你也可以从他眼部周围肌肉的微小动作看出来。你发现对方的眼睛更加闪亮,因而你也用自己闪闪发亮的眼睛来回应对方,表示自己更加为对方所吸引。快乐对你的健康有好处,而健康是极具吸引力的。

快乐只是你可以通过眼神交流来传递的信息之一。在交流中,你用的眼神越多,你越会被对方认为是个富于同情心、表达力强、有趣的人。

而他们也会更加为你倾倒。

额外提示

当你开始和别人讲话时,你必须尽可能地使你的眼睛和对方的眼睛保持在同一高度,这有助于你和对方处于同样的心理状态。如果对方坐下来,那么你也坐下来,尤其是你比较高的时候更要这么做。如果你们的高度差距太大,那么你们其中比较高的那个人就会变得过于具有主导性,因而不利于形成良好的互动关系。

No. 109
较长时间的眼神交流能促成更强烈的情感

当我们较长时间地盯着某个人的眼睛时，能唤醒我们心里强烈的情感反应。较长时间的目光接触激发了神经系统，加快了脉搏跳动，升高了血压，从而激发出更多的荷尔蒙。只要盯着对方的眼睛看5秒钟就足以引发这些反应。被唤醒的情感可能是积极的，也可能是消极的，这取决于你和对方是什么关系。但是，你也可以利用这个生理现象来激发别人对你的情感反应。

在这方面，男人不如女人。很少有女人不会用眼睛发射电波让男人热血沸腾。但是当男人试着做同样的事情时，却常常变味成呆呆地看着对方，他们把这个眼神武器用得太猛烈了。为了激发出你想要的情感反应，你的眼睛不能过于专注和紧张，那会弄巧成拙的。相反，你的眼神必须是邀请式的、模糊的和好奇的。

如果对方很害羞，或者对目光接触很防范，那么她最不需要你做的就是让你盯着她看，你可以轻松而快速地瞥她一眼。在调情中，可没有比用你的眼神和对方玩猫捉老鼠的游戏更刺激的了。你可以慢慢地但是稳定地和她最后发展出更长时间的、充满情感的眼神交流。

No. 110

在说话的时候寻求目光接触

当我们倾听某个人说话时,我们有75%的时间是看着对方说话的,但这并不意味着我们之间经常进行目光接触。你瞧,讲话的人只花37%的时间寻求目光接触。换句话说,这个比例只有倾听者的一半。对此一个可能的解释就是我们需要在说话的时候转动眼睛帮助头脑进行思考。

这意味着在对话过程中,很多时候都是听众在寻求与讲话者进行目光接触,而讲话者却经常望向一边。当你是讲话者时,请记住这一点,试着更经常地和听众进行目光接触,这会让你们双方的谈话变得更为亲密。

尽可能地进行目光接触,会帮助你赢得很多。

延长目光接触时间的一个好办法就是总是看着对方的眼睛,就好像要花时间确认对方眼睛的颜色一样。这种长时间的目光接触和你去挑选购买婴儿服装的那种不一样,但是它应该比你通常看一个人的眼睛的时间要长一点。你可以在任何时候进行练习,比如在洗衣店看见你的邻居的时候,或者和冷饮店的小伙子说话的时候。

你会体验到彼此建立起了一个比几分钟前更直接、更亲近的关系。

这是一个获得更好的服务的好办法。当然,当你希望别人迅速和你坠入爱河时,这个办法也很管用。

No. 111
唤醒爱的化学物质

如果你在和对方谈话时，看对方的时间超过了75%，那么有趣的事情就会发生了。你瞧，那可是很多次的目光接触。通常，我们只和所爱的人交流那么多眼神，而她也非常清楚这一点。由于她的大脑正在体验长时间的目光接触，我们可以得出结论：美好的事即将发生了。

在这些令人战栗的前提下，她的大脑会开始产生出一种叫做苯乙胺（PEA）的化学物质，PEA是一种和安非他明有关的神经传导物质，它存在于巧克力和其他东西中。最有趣的是，当我们爱上某个人时，就会大量分泌这种物质。除了PEA以外，长时间的眼神交流也会刺激肾上腺素和催产素。催产素是一种"让人感觉不错的荷尔蒙"，当我们极度兴奋的时候也会产生催产素。

简而言之：通过长时间地看着对方的眼睛，你能开发出可以产生大量爱和性的荷尔蒙的化学工厂。正是这一系列化学物质的爆发，才使我们在意识到自己碰上了性幻想中的那个大明星时手掌出汗、头晕目眩、心跳加快。你的谈话对象的PEA和催产素分泌得越多，她和你坠入爱河的机会就越大。

当然，爱还需要其他的元素，你不可能仅仅通过看她的眼睛就让一个对你不感兴趣的人爱上你，但是这个技巧为你准备好了无限的可能性。试着用这个技巧让别人感觉到待在你身边时空气中洋溢着爱意，看看会发生什么！

No. 112
眨眼睛带来约会

最有代表性的调情动作就是对某个人眨眼睛。女人眨眼睛可以发送奇妙无比的强烈的性感信号，但如果男人眨眼睛，就会让人大倒胃口。和大多数非语言性的信号一样，女人比男人更擅长此道。

但是男人偶尔也可以设法通过眨眼睛来对别人发送性感的信号，只要在发信号的时候做到小心和适度。男人眨眼睛越是断断续续的和短暂的，效果就越好。

对男人和女人来说，眨眼睛的升级版动作就是把充满情欲的眨眼掩饰成通常那种"我需要湿润一下眼睛"式的眨眼，而这种眨眼常常是两只眼睛同时进行的。试着和你想与之调情的对象进行目光接触，面带微笑（还记得吗），然后两只眼睛像往常那样同时眨一下，但是眨眼的速度要比平时慢一点儿。我不是说你要皱起你的脸，就好像眼睛里进了沙子一样，你应该像平常那样不经意地、轻轻地、短暂地眨眼。和平常唯一的区别就是眨眼时让眼睛闭上半秒钟，从而稍微延长眨眼的时间。当你再次睁开眼睛时，继续微笑，在把眼睛转向一边之前保持和对方目光接触几秒钟。这简直令人难以抗拒。

No. 113
让别人眨眼睛，使他们更加被你吸引

眨你自己的眼睛有点像玩快速的躲猫猫游戏。**现在你看见我了，现在你看不见我了**。我们在孩提时代喜欢玩那种游戏，也通过这个游戏来了解世界是什么样的。我们对这种躲猫猫游戏的热爱可能正是眨眼睛自古以来就被当做调情技巧的原因之一，但是这还不是我们企图让对方对我们感兴趣时用的唯一一种躲猫猫游戏。

当我们看见令我们心动的人时，我们眨眼的频率还会增加，这也许是为了润湿眼睛使眼睛看起来更动人。你可以通过有意识地眨眼睛来利用这一自发行为：我对你眨眼，因为我觉得你很迷人，我希望你知道这个。然而，这一对话完全是在无意识中发生的，因此，对方完全不明白自己为什么在你不断眨眼的时候觉得你很诱人。

你可以利用这一机制让其他人更喜欢你。当建立起较为亲近的联系以后，你可以比以前更经常地眨眼睛。由于你与之玩躲猫猫游戏的对象也想和你保持情感的联系，所以他会跟随你的行为变化，也更经常地眨眼睛。他的大脑会注意到他正在做那种见到了喜欢的人才做的事情，所以他唯一能得出的结论就是他迷上了你。

第九章

你的声音

怎样运用声音来使自己变得迷人有趣

No. 114
确保你们的语速一致

模仿对方的行为来形成联系的技巧在说话中也一样管用。注意对方说话的速度是快还是慢,然后把你的语速也调整得和对方一样。

如果你的语速比对方快,她有可能会跟不上你。她要么会开始走神想别的事情,要么就不得不吃力地专心听你讲话,最后变得疲惫不堪。如果你的语速比她慢,她就可能得不到休息,并开始希望你能跟上她。如果你的语速和她一致,那么你们的想法也会相同,而我们都喜欢和自己相像的人。这是一个迅速建立起亲近关系的捷径,当你们在电话上交谈时,这个办法尤其有用,因为你在电话中无法通过点头或面部表情来表达温情和亲密。

No. 115
仔细听对方的语调和词汇

还有其他一些东西你可以听到并模仿,比如语调。对方的语调是低沉的还是轻快的?仔细听他或她使用的词汇,把你的语言风格也调整到与其一致。仔细听对方常用的词汇,这些叫做迷幻词汇,运用这些词汇是另一种使你和对方形成更亲密联系的捷径。

如果可以的话,你可以在和心仪对象对话之前,先试着偷听他是怎么和别人说话的。通过这个办法,你甚至在对他说"你好"之前就知道以什么方式说话来讨他喜欢了。

No. 116
听听你自己说话的样子

记住，你想表达的个性也体现在你的声音里。因此，你听起来是什么样的？如果你是个女人，讲话轻言细语，那么其他人就会因此认为你是个很女性化的人，尽管你想展现其他的个性。

同样，一个轻言细语说话的男人会被认为是娘娘腔，因为进化已经教会我们睾丸激素水平高（刚毅）的男人会发出低沉的声音。

害羞不安的人说话总是轻柔的，并常常犹豫不决，而强有力的人讲话非常大声、充满自信。你的说话方式必须符合你想留给别人的印象。你可以录下你和朋友的对话，听听你自己是怎么说话的。你总是用同样的词汇吗？你说话是有条理还是一团乱麻？你是一针见血还是半天都说不到重点？你给谈话对象发言的机会了吗？你的音调和语调是单调的还是富于变化的？你经常改变语速来使自己的讲话抑扬顿挫吗？闭上你的眼睛，想象什么样的人说起话来像录音机里录下的那个样子。那是个有吸引力的人吗？那符合你想要呈现给别人的形象吗？

如果答案是"不"，那就调整你的说话方式。如果需要的话，还可以请教演讲专家。因为你的很多个性体现在你说话的方式里。

No. 117
做一个积极的倾听者——并表现出来

做一个积极的倾听者,向你的调情对象表明你可以倾听,可以关心他或她对你诉说的一切。你可以通过以下几个办法来做到:

展现出与他或她一样的面部表情。如果她对你讲有一次她的手不小心被图钉扎到,你就说一声"哎呀"并做出相应的表情。通过表现出和她一样痛苦的表情,你不仅向她表明了你对她的故事投入了情感,而且还更容易使你和她的故事产生关联。当你做出和对方同样的面部表情时,你在自己身上反映出了对方的情感状态。

在对方说话时不时地点头、微笑、皱眉、睁大眼睛、身体向前倾、滑到椅子的边缘,等等,做任何显示出你感兴趣的动作。

不要利用对方说话的时候来思考你接下来要说什么,那样你的眼睛会失去焦点,你皱起的眉毛也表明你似乎陷入了沉思,这些都会表现出来。倾听,通过提问来表示你听懂了,理解,然后得出结论。如果你不明白他说的某个地方,告诉他!即便这么做也能证明你在倾听!

女人常常做以上事情来表示自己感兴趣,但男人却通常静静地坐着,一句话也不说。不论你是男是女,绝对不要像死人一样坐着。不然的话,对方很难知道你究竟是在倾听她的谈话,还是在想着《英雄》的第二季什么时候出来。

额外提示

如果你认为对方说得太慢,你只需更快速地点头就可以促使他或她讲得快一点。

No. 118
在说话时有所停顿

一个简短的但强有力的提示：在讲话中大量使用停顿。如果你有点紧张，对什么事情非常感兴趣，或者满脑子想着要给别人留下好印象，那么你很容易说起话来像一辆开快的货运车。一定要避免这种情况。

如果你……在讲话的时候……有节奏地……停顿，那么你就更容易……捕获……听众的心，因为听你讲话变得更有趣。看看马丁·路德·金是怎么发表他著名的演讲的，或者看看其他任何一个紧扣你心弦的演说家是怎么说话的。一点也不奇怪，所有这些演说家都有一个共同点，那就是他们的讲话都充满了令人兴奋的停顿。

如果你也这么做的话，你会得到谈话对方更多的注意。因为等待发现你在停顿过后说什么（亦即你接下来要说什么）变得非常有趣。当然，也不要做得过度。恰当地使用停顿，才不会浪费它的效力。

> **额外提示**
>
> 记住：在讲话时保持呼吸。这听起来也许很显而易见，但是当我们站在让我们窒息的人面前时，我们有时候真的会停止呼吸，因为我们忘了呼吸。如果你放松下来，深呼吸，你就会感到平静下来了。

第十章

和你不认识的人说话

如何开始并保持有趣的对话

No. 119
从你所处的情境说起

忘记所有事先准备好的台词或者话题，每次能对你起作用的、能让你记起来的好词儿不超过十个。最好的对话，最好的台词，都是应景而生的。

但是，和往常一样，这样做有利也有弊。

如果你注意到对方正在关注什么，那么你最好的开场白就是从她正在关注的事物说起。如果她正在读电影广告，那就问问她能否推荐一部好电影。如果她正在修指甲，那就夸赞她指甲修得很好看（假设她的手看起来确实好看的话，永远不要用谎言来恭维别人）。这样，你总是可以谈论和对方有关的事情，而不是说些套话或不着边际的恭维话。

记住，不要在开场白中把你的全部自尊都拿来冒险。如果对方的回应只是奇怪地瞥你一眼，那就不要理她。你还有更好的事情要做，比如和你的朋友一起欢笑。

额外提示

不要为自己的存在道歉，具有较高社会价值的人从不为他或她自己的存在道歉。永远不要用这样的话开头："对不起，我不想打扰你，但是……"对不起，对不起，啧啧啧。有礼貌并不意味着把你自己弄得低人一等。

No. 120
让对方发现你的艺术

很多人觉得接近一个陌生人并与其说话会令自己不舒服。我同意，让你自己去做那样的事情是很为难的。

那么你可以不这么做。

与其你去接近对方，不如让对方来发现你！在前面的技巧中，我说过有一个好主意就是找出你心仪的人可能出现的场合，比如二手书店、公园、夜间课程班、艺术长廊、大市场，这些都是认识新朋友的好地方。

一旦你到了那里，看看有没有每个人都会去的地方。那个地方就是你应该待的地方。在夜总会，这个地方就是吧台。如果你和一个朋友坐在吧台前，那一定要在你和朋友之间留一条狭窄的空隙，能够让其他人穿过这个空隙走到吧台前。这是和性感的陌生人讲话的绝好机会，因为他们就站在你身旁！而且，如果那个人不怎么有趣，你还可以在几分钟内重新认识其他的人。

在书店里，挑选一个放着你认为你喜欢的那种人可能会看的书的地方。这些书可能是食谱、军事史或者哲学，每个人的喜好都不一样。等在那里，直到有趣的人出现为止，然后问那个人能否推荐一本书。"今天是我妹妹的生日，但是她已经读完了所有的《BJ单身日记》，你能帮我推荐一本类似的书吗？"

No. 121
为你的接近找一个借口

我们不喜欢解释不出理由的事件，毫无来由的结果会使我们感到焦虑。另一方面，我们能接受大部分事情，比如不认识的人来和我们说话，只要他们说明了理由的话。因此，一开始和你心仪的对象说话时，就提供一个恰当的理由。

如果你请对方为你推荐一部电影，不要只是说："你能给我推荐一部好看的电影吗？"这并不能构成你提问的真正理由，而对方也可能认为你想直接和他说话。你可以说："你能向我推荐一部好看的电影吗？我明天要和朋友一起去看电影了，但是我还没想好去看什么电影。"

你给出的理由完全可以是虚构的，这并不要紧。重要的是你要为你的行为提供理由，说明你为什么要接近别人并和他说话。如果你一开始说的话是恭维话，你也应该做出解释，不要只是说："你的牛仔裤真漂亮。"那对方听了以后能说些什么呢？嗯，谢谢你？说出这样的恭维话以后，很难让谈话再顺利地继续下去。

实际上，你可以说"你的牛仔裤真漂亮，（我这么说的理由是）我觉得除了在欧洲，别处是买不到这样的裤子的。"现在他就知道了你为什么要赞美他的裤子，说不定你们还能就此谈到走私牛仔裤之类的有趣话题呢。

No. 122
话家常只持续 45 秒钟

你可以用大约 45 秒钟的话家常和最初的问候来打开话题。在 45 秒内，你们之间最初的吸引力能掩盖你实际上什么也没说的事实。但在那之后，你们的谈话就必须是私人性的了。

那基本上意味着谈话必须从和她相关的话题开始。换句话说，你只有不到 1 分钟的时间来运用你的技巧在你们之间形成真正的联系。如果相反，你继续和她话家常，比如出于你的紧张或不安等原因，那么她会变得很困惑，奇怪你为什么继续和她说话，因为你显然都没说什么实质性的内容。

一旦你已经请对方向你推荐电影，话家常就结束了。不要再请对方向你推荐第二部电影，那会停留在肤浅的层次。相反，你可以问她为什么认为她推荐的那部电影很好看，让她对不同的事物表达出她的观点、价值观和想法。寻找你们都同意的地方或者都不同意的地方！重要的不是你说什么，而是你们之间开始建立起相互的信任。

No. 123
说出个人的赞美

　　赞美是好的,但是不要给出一般性的赞美,那一点儿用也没有。"天哪,你真是太酷了!"这样的话等于什么也没说。找出对方真正让你喜欢的地方,然后针对那个地方进行赞美。比如,也许你喜欢他的侄女在受他照顾时给他做的项链,或者你觉得她的酒窝很迷人。

　　试着选一些甚至跟她的外貌无关、反映了她的个性的东西,但不要唠唠叨叨地说个没完,只赞美一次即可。如果你反复地赞美,效果反而会减弱。如果你第二次听见一个喜剧演员讲同样的笑话,意识到你本来以为他是即兴的表演竟然是事前精心排演过的,那种感觉你是体会过的吧。反复地赞美别人也是同样的道理,那只会让效果削弱。

　　给出更多的赞美固然是好,但后面的赞美应该跟前面的赞美不一样,而且你必须等到对方做出努力展现了他或她的价值以后才能赞美。不然的话,你只不过是另一个过于努力以求别人注意你的小丑。

No. 124
不要说事实，要说体验

你和对方见面的最重要部分发生在情感的、无言的层次，那正是你们需要创造彼此归属感的地方。因此，你必须谈论你的感受和体验，而不是陈述事实。

只陈述事实的表达是这样的："我今天早上睡过头了，当我出门时，正在下雨。但现在我又暖和过来了。"这真是乏味，听起来就像是你照着提词念出来的，这当然绝对不可能让你和对方建立起个人的联系。相反，你可以告诉对方你的**体验**："今天早上当闹钟响起来的时候，我觉得就好像有人昨晚把一袋水泥灌到了床上一样，我一点也动不了。我从来没有这么疲倦过。接着，当我出门时，又倒霉透顶地碰上了下雨，冷得我直哆嗦。我真不知道今天是怎么了，干什么都不顺。但现在我碰到了你，我觉得好多了。"

向他们证明你是个人，不是台机器。

额外提示

> 对大多数男人的提示：不要太直截了当。在谈话的一开始，重要的不是让每个细节都正确，谁对谁错也是无关紧要的。重要的是你要表达出你谈话内容背后的情感。

No. 125
男性交流风格和女性交流风格

当你通过迎合对方的交流方式来形成亲密联系时，根据你约会对象的性别，你可以遵循一些基本的交流风格。如果你不注意其间的区别，你可能会拉大你们之间的距离，那可不是你想要的。因此，尽量利用这些风格来发挥你的优势。一直在脑海里装着这些东西，可以使事情进展得更顺利。

如果你是一个寻求接近男人的女人，记住：

- 清楚地知道你想要什么
- 不要习惯性地一开始就谈感觉，要用事实陈述来做解释
- 语速不要太快
- 经常变换话题
- 有话直说
- 不要道歉
- 不要抱怨

如果你是个试图接近女人的男人，记住：

- 比往常更多地谈论自己的感觉
- 经常询问她的看法
- 专注地倾听
- 坐直并且身体稍微前倾
- 比往常更多地寻求目光接触
- 表达更多的感觉
- 使用更多的形容词

No. 126
确定你有话可说

在让你想诱惑的那个女人对你感兴趣之前,她可能在谈话中不怎么说话,你得准备好由你自己在谈话中扮演主角。如果你天生不善言辞,那么提前想一些话题对你是有帮助的。时常关注报纸杂志上的有趣报道,以便从中找到一些创意和不同的话题。"复活节?你知道吗,人的大脑中专门有一个储存宗教体验的区域,如果这个区域被破坏了,你就会变成一个无神论者。真的,是这样的……"

同时进行好几个话题,用下面的办法在话题中来回切换,"关于那个,你知道……","正如我们刚才说的……",等等。这比说完一个话题再开始另一个话题更能让谈话保持生动。没有人能自然地以那种方式说话。

使用这个技巧,你还更容易把谈不下去的话题(或者得到不好反应的话题)去掉。你在拉斯维加斯的故事也许使他想起了把他的钱全部都输光了的前女友。因此,你最好快速地在各个话题中来回切换:"我刚才说到的大脑中的那个特殊区域……"

准备好并不意味着打算说完所有的话。如果你不需要这么做自然是最好的,光是你一个人滔滔不绝会显得你有点一厢情愿或者过于亢奋。别忘了,你的目的是让她也参与到谈话中来,甚至比你说得更多!

No.127
用亲密来奖赏对方展现的价值

把你们的谈话和关系都提升到一个新水平的最好时机,就是在对方通过叙述个人的经历或者其他形式的努力展现了他或她的价值之后。你应该表示出对他或她努力的赞赏,并进一步增进你们的亲密度:"碰到如此诚实的人真是难得!我叫亨利克,你呢?"

在前面的技巧中,你已经知道你必须奖赏对方价值的展现。在这里,这个奖赏就是你想更进一步了解她。"哇哦,我从来没想过这一点!让我们坐到那边,你再多跟我说说。"这一法则适用于你建立关系过程中的任一阶段。如果你一开始是这么说的:"告诉我这些,你真是非常非常有勇气。"那么最后你还可以给他一个大大的拥抱。

No. 128
不要啰嗦冗长

不要卡在某个环节,或者花很多时间来解释你的某个想法。当然,如果你在分析天主教的利弊,这是一个让对方参与进来的办法,但是你们之间的关系会在讨论整个事件的过程中停滞不前。

在说话时,你最好能改变你们之间的氛围和关系,而陷入长时间的政治争论是达不到这个效果的。随着你依次经历相互吸引、建立联系、诱惑等阶段,你们的谈话应该随之相应地变化。保持警醒,只要有必要就经常改换话题,以使你们的谈话保持生动有趣。要确保你在点燃而不是熄灭他眼中的火花。

No. 129
不要谈论工作

当你不知道说什么的时候,一个常见的话题就是谈你的工作。几十年前,我们的身份绝大部分取决于我们的工作。但是现在不这样了,现在,工作和性格之间已经不存在必要的联系。

"你是谁?"这个问题如今已不大可能得到这样的回答:"我是一家电脑公司的业务分析师。"如今,我们更喜欢用我们的梦想、愿望和经历来定义自己。"你是谁?""我是一个喜欢探寻每件事情的意义,但却还不知道明天该看什么电影的人。你可以给我推荐一部吗?"

你希望立刻接近和你说话的人,从而发现她真正喜欢什么。因此,尽量避免谈你的工作,或者只简短地谈一下,谈工作无助于你洞察她的灵魂。如果对方提起了工作(而且你的工作又不是很有趣),你可以转换话题,转而向她提问,给她更好的机会来展现她的个性。"你是木工厂的老师?哇哦,当你觉得没人听你上课的时候你会怎么做呢?"

> **额外提示**
>
> 出于同样的原因,问别人"是从哪儿来的"也是在浪费时间。老实说,你对别人出生在巴尔的摩但在12岁的时候搬到新泽西州这种事儿能有多大兴趣?这类家常话对你们进一步拉近距离没多大帮助。

No. 130

不要说"不"

尽量避免使用"不"这个词儿，用更富创造性和积极的方式来表达你自己。不要说你**不**喜欢什么或者你**不**像什么，告诉他们你喜欢什么或者你像什么，那样会好得多。你的精力应该指向你喜欢的事物，而不是逃避你不喜欢的事物，这是两种完全不同的行为。你不需要我告诉你哪一种行为最有吸引力、最令人兴奋吧？

另一个词汇技巧会使你成为更有趣的谈话对象，那就是总是说"是"，接受对方所说的。有一个经典的戏剧性练习，在练习中，你必须同意另一个演员的每一个建议，不论这些建议有多奇怪。在现实生活中，你也可以玩这个游戏。

如果你说"不"，你就斩断了整个谈话的枝节。如果你说"是"，谈话就会继续下去，而且通常出现出乎意料的、令人兴奋的转折，甚至你被开涮的时候也不会显得那么糟。"你是个彻头彻尾的失败者吗？""是的，实际上我昨天就被下了这个诊断。现在你发现了！你发现晚了！"

通过避免使用"不"和"不是"之类的词，你也展示了你自己的价值。要消极否定是很容易的，宣称不喜欢什么是假装有主见的、最容易的办法，你只需指出一样你知道的东西，然后在前面加上"不"就行了。"斯蒂芬·金①的新书？我不喜欢它。"不喜欢什么没有一点风险，但也没有什么力量，只有懦夫才消极否定。而通过谈论你喜欢的事物向他们展示你是谁，则显得更有力量、更有价值。而且猜猜还有什么？勇敢、积极、有创造性的人才是容易交上好运的人！

---

① Stephen King，斯蒂芬·金，美国著名的畅销书作家，屡获奖项，尤以恐怖小说著称，他的名言是：最佳效果就是读者在阅读我的小说时心脏病发作而死去。——译者注

No. 131
调整节奏来获得你想要的

有一个使人们放松下来的语言技巧叫做"调整节奏"。这个技巧也可以帮你交上好运,因为它能使你渴望与之亲热的对象更可能同意你的请求。

调整节奏的方法是这样的:你开始先描述发生在周围的事实,这些描述没有什么实质意义,而且无可争议。在描述完之后说一句你希望对方接受的价值判断,而这个价值判断应该是对方本来不会赞同的。这个技巧经常运用于心理治疗中,治疗师首先会说:"现在你正坐在椅子上,听着外面世界的声音,看见我的桌子在你的面前,你觉得自己放松了下来。"

前三个描述,关于椅子、声音和桌子的描述可以被接受为真,你不能对它们进行争论,因为它们是真实发生的。由此,要接受第四个描述就不难了,于是,患者真的觉得自己放松了下来,这导致他们真正地放松。

你也可以用这个技巧来使对方更容易同意你的其他建议:"我们已经一起上课4个星期了,我们每次都学会了不少陶艺,你做出来的陶器越来越精致。你愿意和我见面跟我说说你是怎么做到的吗?"对方几乎不可能回答说"不"。

> **额外提示**
>
> 你还可以以更"消极"的方式来用调整节奏这个方法,请对方体验美妙的感觉:"当你排队等候的时候,你看见那些小孩在四周快乐地玩耍,阳光暖暖地照在你身上,你情不自禁地感到非常美好。"

No. 132
呼唤名字（避免使用"我"这个词）

我们首先喜欢的是自己。老实说，我们不会像喜欢自己那样喜欢别人。因此，尽量多说出别人的名字是件很好的事，那样做表明你在意他，使他想起了他的存在，这也是我们大家都乐于看到的。

一般来说，我们不善于在每天的谈话中呼唤彼此的名字，我也并不是要你过多地这么做。如果你每句话都以"那么，埃里克……"开头，那么过一会儿，他就会怀疑你想向他兜售什么，以及他要付出什么代价。你只能在感到自然和有必要的情况下呼唤他的名字。如果你忘了他的名字，不要羞于去问他，你只是在表明你在意他。

其他一些适用的词是"我们"和"你"。用这些词和叫对方名字的效果一样好，这些词使交流变得更亲密。不要说"就像我刚才说的"，而要说"就像我刚才对你说的。"

"我们"这个词非常强大，因为它暗示你们在某种程度上联系到了一起。"你想再吃点什么吗"和"我们再叫点什么吃的吧"之间的区别是显而易见的。尽量避免使用"我"这个词。谁想听别人滔滔不绝地谈论她自己呢？什么时候才能谈论我呢？

额外提示

尽管我们喜欢自己被提及，我们也只是喜欢在快乐积极的情境下被提及，这就是为什么你永远不要猜别人的年龄、体重或者其他任何身体指标。如果你猜得太低了，你会显得爱说奉承话，如果你猜得太高了，你就会侮辱了别人。而如果你猜对了，他就会因为他看起来跟实际情况一样而感到失望。因此，你最好在说你不知道之后就不再提了。

No. 133
我们喜欢有趣的人

当你笑起来（或者微笑）的时候，你的身体就会释放出大量的荷尔蒙。荷尔蒙会使你感觉良好，而由于你感觉良好，你也会喜欢让你笑起来的人，你会更专注地倾听，对能够逗你笑的人变得更开放、更友好。

这意味着你应该让自己变成一个有趣的人，让别人感觉良好，别人希望和你待在一起的人。然而，变得有趣并不意味着你开始引用YouTube上面有趣的故事，或者更糟糕，开始讲笑话。事实上，你应该像避免瘟疫一样避免讲笑话。首先，这些笑话很少是真正有趣的。其次，你不善于讲笑话，不论你对自己在这方面多有自信，对不起，你不善于（极少数善于讲笑话的人都是拿报酬来讲笑话的）。

勉强的笑容和勉强的笑声，并不预示着你要交上好运。而如果你是那种讲出笑话却只让自己发笑的人，那你更是彻底完了。

幸运的是，还有其他很多种方式可以让你变得有趣。这里有十条建议：

- 出人意料的就是有趣的。
- 拥有与众不同的观点。
- 试着变得有创造性，趣味常常源于创意。
- 对比也能有趣，对比放在一起的任何两个事物也可以变得有趣。
- 不要太过担心是否政治正确或有意义。
- 不要太过担心对方是怎么看你的。
- 放松，保留一点空间来填充，你会发现到处都是有趣的事。
- 不要试着让人们发笑，那太做作了。
- 试着让别人以新的角度看事情，让别人体验新的观点。
- 最重要的是，不要让自己太当真。

No. 134
谈论你的体验

你已经知道,不论谈论的话题是饭馆、书还是你能在邮箱里塞进多少个草莓,你都应该借由谈论你自己对此的体验和感觉来使谈话更具私人性。这会让你想与之艳遇的女人走近你,了解你是什么人。

通过这种方式谈论你自己,你还促使她以同样的方式谈论她自己,而她也不会因此感到不舒服。你可以这样来鼓励她:"告诉我你真的觉得很冷的时候……"或者"当……的时候你是什么感觉?"

即便是消极的体验,比如你遭遇过的尴尬和犯过的错,都可以成为绝佳的谈资,只要你对之付诸一笑,毫不大惊小怪。这些只会让你显得更富于人性,显示你不需要证明自己有多聪明或完美。毕竟,她唯一关心的事情就是你有多善于让她觉得自己是这世上最性感的尤物。

额外提示

绝对不要只停留在陈述发生了什么事情的水平。比如,"那里来了一辆公共汽车。噢,瞧,他今天穿的是红色的夹克衫。我猜又下雨了。"把话语浪费在这种对每个人都是显而易见的琐碎事情上是没有意义的,只有无话可说的人才这么做。永远不要这么做。

No. 135
询问开放性的问题

任何优秀的记者在采访时都会使用开放性的问题，你也应如此。开放性的问题就是你不能只用是或否来回答的问题。

"这部电影好不好？"就是一个可以用是或否来回答的问题。"你认为这部电影怎么样？"就是一个开放性的问题。

如果你使用封闭性的问题，你就有扼杀掉一场谈话的危险。如果你得到的答案全都是是或否，那你们就无法继续交谈下去了。你可能问"为什么不……"之类的问题，但你很可能只得到"因为"之类的回答。

开放性问题迫使对方告诉你他自己的看法、观点和价值观，你会从中得到很多有用的信息来使谈话继续下去。

同样的原因，你永远不要在谈话一开始就说："我能问你个问题吗？"那可不是讲礼貌，而是一个封闭性的问题。如果你得到的答案是"不"，那你就完了。"好的，到那时候……"你最好这么问："你的靴子真漂亮。你在哪里买的？"提封闭性的问题会使你过于主导对话，而很难调动对方积极参与。如果是一个图书管理员问你喜不喜欢书，这么做倒也无妨。但当你想使谈话变得生动有趣时，你就应该问"你对这本书怎么看"。

简要重复：
你："你能向我推荐一本书吗？"
他："不。"
封闭性的问题，无聊的回答。
相反，你可以这么问：
"你想推荐给我什么书？"
他："嗯……你喜欢读些什么？"
这就好多了。
假设对方有观点，有话要说，或知道什么，然后由此开始提问。

No. 136
记住，等对方回答

当你问了一个开放性的问题之后，要等对方回答，而且要明显表现出你在等她回答。在提问过后，你安静一会儿，用身体语言表示你在期待对方回答。一定要等她回答，不要犯下常见的错误，因为焦虑而继续谈话或者立刻再加上一个封闭性的问题，从而毁掉了一个有可能得到对方有趣回答的机会。

"你的晚饭怎么样？"是个开放性的好问题，但是如果你说："你的晚饭怎么样？……你喜欢它吗？"那么你就提出了一个封闭性的问题，使她很容易地用是或否来回答你。放松。如果你向她表现出在等她回答，她就会回答。这也许需要花些时间，因为她想给出一个好的回答。

即使你提出了很好的开放性问题，有时候你也会得到一个"不知道"的简单回答，不要对此大惊小怪，不要进一步向对方施加压力，那会让事情变得奇怪。比如，"你不知道是什么意思？你当然知道，你只是不说！说吧！"你们可以继续交谈，就好像什么事也没发生过，最重要的是维持友好的气氛。你可以试着稍后再问一个类似的问题，看看你会不会得到不同的反应。可能她刚才感到了压力，因为你突然想要知道她真实的想法，不像其他和她谈话的人那样。

No. 137
在倾听中寻找线索

通过仔细倾听他对你所说的,你可以得到很多线索来促使你们之间的谈话继续进行下去。但是,如果你心有旁骛的话(例如你忙着在想下面接着说什么),你就会错过很多线索。

让我们假设你在音像店,碰见了一个让你惊为天人的人,他正站在儿童DVD的货架面前一脸茫然。自然,你可以问他正在找什么,他告诉你:"我正想为我在英格兰的侄子买一张DVD,但是我对这些新电影一无所知。什么是《海绵宝宝》?"

这是一个好的回答吗?"哦,我听说那部新的《纳尼亚传奇》不错,但那边还有《哈利·波特》,那是来自英格兰的。"从表面来看,你确实提供了些许帮助。但在实质上,你完全错失了一个机会。

你本来有机会开启一场1小时的对话,也许你还可以和他一边喝咖啡一边聊天。你可以问他怎么会在英格兰有一个侄子,可以和他一起笑货架上那些可怕的儿童电影。他的侄子喜欢什么?他什么时候会去看他的侄子?你能跟他一起去吗?(你可以以开玩笑的方式提出这个问题,但实际上,你确实也有一些朋友在伦敦,你可以顺道一起去拜访……)

我不是建议你在音像店的DVD区向一个人提出一大堆问题,完全为某个人痴狂并不是展示你价值的好方法。但大部分日常谈话中都包含着深入观察对方生活的线索,打开这些线索,你就可以和对方继续谈下去,使你们之间的关系更为亲密。只要你足够专心地倾听。

No. 138

攀登珠穆朗玛峰？我也是

正如你已经知道的，任何亲密的关系都取决于你和对方有多少共同点。证明你和对方有共同点的一个简单表达就是"我也是"。当别人理解我们并经历过和我们一样的事情时，我们总是很喜欢。"我也是"这三个字显示出你也做过一样的事，你和我之间有相似之处。

这是上课的第一天，她说她很期盼这一天，你也是。她的咖啡太浓了，你的也是。她觉得春天在户外散步非常美妙，你也是。她坦白说每当她喝了半瓶朗姆酒之后，就觉得她自己是奥森·威尔斯①，你也是。

这也是当对方想退后一步时迅速消除对方疑虑的好办法。"我们应该停下来了，事情对我来说进展得太快了。""我也这么想……实际上，也许我们可以好几天不要见面。"这是非常体贴的说法（如果你没看出来这也运用了可得性法则，那就回过头去再读读前面关于这个技巧的介绍）。

额外提示

关于向别人说你自己：不要太快地把谈话变成私人性质的。如果你揭露了自己的一个秘密，对方就得在你继续下去之前说出他或她自己的一个秘密。确保要逐步走完建立亲密关系的每一个步骤，否则，你可能很容易显得操之过急。我们一般都不会喜欢还没有建立充分了解就吐露自己阴暗秘密的人。

---

① Orson Welles，奥森·威尔斯，美国著名电影导演、编剧、演员，1999年曾被美国电影学会选为百年来最伟大的男演员之一，主演过《公民凯恩》。——译者注

No. 139
打破规则通过测试

如果你是个男人，正在接受我前面提到过的女人的测试，那就不要运用上面所说的"我也是"那个技巧。

比如，如果她说"我不喜欢爱撒谎的男人"，或者"我只和高个子的男人约会"，而你回答说"我也是"，那你看起来简直就是在瞎拍马屁，而你实际上也是如此。此外，你这么做还会让她继续测试你。

不幸的是，如果你反对她的观点，你也一样陷入了麻烦。"嘿，矮个子的男人有什么不好？"这样的回答会使你和她拧上劲儿，因而也表明你接受了她对你的测试，你在做的不过是改变她的观点，使她的观点更符合你的观点。但是这个测试不是关于她的观点，而是关于你的反应。最好的回答就是先说一句看似自相矛盾的话。你可以先赞同她："是的，撒谎是不对的。"然后马上承认你正是她说的她不喜欢的那种人！"但尽管如此，当我不能发表自己的真实看法时，也撒了不少谎"。

不论她说不喜欢什么样的人来测试你，你都先表示赞同，然后接着承认你自己就是那种人。"我同意，吃虫子是很粗俗的。我希望我可以不再吃虫子，但我就是忍不住！"你显然不是在绝望地试图赢得她的赞同，而这会使她觉得和你待在一起更自在。这也是一个有趣的打消对方疑虑的说话方式，它常常带来欢笑。如果那是她真实的观点，你也通过承认你的缺点而显示了你是个有血有肉的真实的人，这样的人比完美无瑕的人有趣多了。

No. 140
借由暗示来保持吸引力

我前面解释过,必须先产生吸引力,然后再建立联系,但是这并不意味着这些事情必须是先后替代的,你甚至可以在酝酿如何让对方感到安心的同时就让你们之间的相互吸引和兴奋感升温。达到这一效果的最好方法就是在看似无关的对话中用一些与"性"有关联的词。

我们的潜意识能以各种可能的方式解读所听到的词,然后根据当时的情境选择最合适的解读。但是,如果你持续使用可以被解读成性含义的词,就会导致他们在脑海中出现一系列与性有关的联想,而他们自己甚至都不知道为什么。我说的这些词包括"硬"、"凸出"、"脱"、"湿"、"滑"、"插"、"膨胀"等等。

你懂的。

这个技巧叫做"启动"。它虽然不会让对方突然向你扑过来,用牙齿脱掉你的衣服,但它可以帮助你为进展到下一步做好铺垫。在他的脑海中,他已经想到那些了。

你还需要一些演技来使这个技巧有效,诀窍就在于你得假装自己也没有意识到这些词的"隐含"意义。哪怕你只表现出一点点地故意使用这些词,你都会砸锅。即使是在不恰当的时间短暂地一瞥也会使你的意图昭然若揭,对方会发现你刚才是故意那么说的,从而使你们之间的气氛变得尴尬,因为在现在这个阶段提到那些事还为时过早。一定要确保你所有的暗示从潜意识的层次上开始。

No. 141
植入性画面，然后将其一笑了之

一旦你的联系建立起来，就进入了诱惑阶段。这个阶段可能发生在你们第一次见面的时候，也可能要花几个星期才能发生，不论是哪种情况，你得确保自己进入这个阶段。一旦你进入这个阶段，你就不需要再通过暗示来向对方的潜意识传递任何性的联想了。这些联想已经存在，但你还得经常避免直接提出建议做你想要的那事儿，因为那意味着她不得不破坏你的计划以表明她不是一个随便的人。

因此，你得走中间道路。一个好办法就是提出一个明显调皮的建议，然后立刻用开玩笑的方式把刚刚说的消掉。比如，"哇哦，你看起来有点紧张。你应该到我家里让我给你按摩3个小时。噢，不，等等，那不会有用，我的大拇指从昨天晚上打乒乓球以后就一直痛。就当我没说过吧。"接着，你立刻转移到另一个完全不同的话题。

你可以用这种方式提出一些非常大胆的建议，因为你立刻会对这些建议一笑了之。但是，尽管这是开玩笑，你仍然把那个关于性的想法甚至画面植入了她的脑海。例如，她会想到你给她来个全身按摩，而这一画面是处于诱惑阶段的她也喜欢的，于是，她就会一直想着这个画面。感谢你的玩笑，现在不再有什么压力或要求，而她也不介意坚持那些。想一想吧。实际上，那个按摩（或者任何你建议的美事）会比以前更令她渴望，原因很简单，因为你刚刚说了她不能拥有那个。于是，要是看见你的梦中情人有好一会儿都很难不想那件事，你可别惊讶。

No.142
专注于对方想要的

一次又一次，我们为自己建立起防御和防线。当我们调情或者被调情的时候，尤其是这样。有时候，我们这么做是为了不显得太随便。有时候，我们只是觉得有必要维护自己的形象。还有些时候，是因为我们真的不想，我们只是自动地在做我们总是做的事情，这也可能是相互之间没能建立起足够的信任导致的。

有一句话揭示了这种防御："我不能。"比如，我不能和你一起出去，我星期四不能和你一起去坐滑翔机，我不能去你家，我不能给你表演后空翻。

此时，如果你问"真的吗？为什么呢？"你就无异于在要求对方提出理由来证明自己的话是真的，让对方说"我真的不能，因为……"之类的话。

当然，有可能他并不是真的不能，但那并不是你想听的。因此，你的回答最好是"老实说，我更想听你说你想做什么而不是不想做什么，那么……你想做什么呢？"唯一要紧的事就是对方的意愿，而不是理由。你确信自己可以改变的只有当时的环境，环境是可以改变的。

你可能得到这样的回答："我倒是愿意星期四和你一起去，这听起来很有趣，但是我要去多伦多出差，所以时间安排不过来。"接着，你就会知道他想花时间和你待在一起，但是有障碍使他不能和你一起出去。因此，你只需更改一下约会时间就行了。他也可能承认他没有兴趣："我真的不愿意和你再次一起出去，所以我星期四不能去。"那么，你就至少知道了你还没有成功地和他建立起联系（还没有，不管怎么说）。

No. 143
查证你们的关系

你早晚会发现对方是否已经有约会对象。尤其是当你得到了他的电话号码，而且正和他在一起时，他会把铃声响起来的手机藏到枕头底下。

问题在于，这是一个需要技巧性提出来的问题。简单地问"你是不是单身？"可能会留给对方你准备找一个新男友或者新女友的印象，那样的提问会带来很大的社会压力。

诀窍在于以一种自然的方式提问，使你看起来不是在探询自己的机会有多少。你问他的恋爱关系是因为你喜欢谈论那一类的事情。

而他也知道你是这样，因为你已经提到了这个话题！你刚刚告诉了他你有两个亲密的朋友，是有特殊关系的那种亲密朋友。一旦你做好了铺垫，你就可以问这个潜在的约会对象，问他现在是单身还是已经有了伴侣。不论他的回答是什么，你可以都可以这样继续谈话："你们在一起有5年了？哇，让我猜猜，你们现在是不是已经到了谈婚论嫁、买房养狗的时候了？"或者这样说："半单身？那听起来……真是有点意思，也有点复杂。什么，你每逢星期四和星期天就是单身？"你想做的是使对方的回答变成正在进行的谈话的自然的一部分。你刚刚得到了一条非常重要的、对你后面的行动影响很大的信息。你会知道接下来究竟该离开还是继续和她在艺术课上调情，或者你应该退后一步，只和对方做一般朋友，友好地共用一支炭笔。然而，你一定不能显示出对方的回答对你有影响。只要平常地对待对方的回答，只是把它当做谈话的一部分，你就能消除掉这类提问通常会带来的压力。

No. 144
让对方知道你的意图

一旦你和对方开始形成亲密的关系，你就可以公开你的意图，清楚地表示你们俩穿的衣服越少，你越喜欢。但同时，不要显得太急切，那会让你的魅力大减（从前面的技巧中你应该知道这一点）。做这种事情的一个好办法就是评论她刚刚做过的一件事情，然后坦承你觉得她是个性感的人，接着又立刻赞美她的其他完全不同的方面："我喜欢听你讲话。你的声音是那么性感。我真的喜欢你对安迪·鲁尼①的评论。"

之所以要在最后说到其他完全不同的事情，是为了让她更容易回答你。"是的，不是每个人都喜欢谈论安迪。"如果你只是说"你的声音真是性感"，她就会很难回答你，"真的吗？嗯，谢谢你……"

接着又说什么好呢？

你还要试着让她知道是她的行为而不是外表打动了你。"你挠鼻子的动作真是让我心动"就比"你穿这条紧身牛仔裤真是性感"显得更个人化。如果你担心碰到对方生硬的回答，那么你可以在赞美过后加一个小小的笑话。"当我看见你时，我真想吃了你。你看起来真像一颗性感的软糖。"这样，你就可以消解尴尬，而仍然表露了你的想法。

一旦建立了联系，越早表达出你的意图越好，即便你们当天晚上并不共度良宵。如果她喜欢你对她说的，她会继续和你发展下去。如果她不喜欢，她会及时中止。如果你要等到第三次约会才发现她对你不感兴趣，那你就浪费了大量的时间了。

---

① Andy Rooney，安迪·鲁尼，美国 CBS 电视台《60分钟》新闻节目的著名主持人。——译者注

No. 145
喜欢那些喜欢我们的人

如果你发现有人迷上了你,那么那个人在你眼里也会变得更吸引人,这是因为我们喜欢那些喜欢我们的人。在这里,我们的基因在说:我们和喜欢我们的人繁育后代的可能性更大,因此如果我们也喜欢他们的话,事情就简单多了。

而且,来自你喜欢的人的恭维总是更富于内涵、更令人心动。

不要害羞,大胆用你的语言和非语言交流让对方知道你觉得他们吸引你、有趣和性感,只要你也展示了自己的强大价值,这只会让你在他们眼里更加有趣。

No. 146
确定你在群体中的地位

有时候你可能需要接近一群人，因为吸引你的视线的那个人就在他们中间。记住，那个群体的领导者并不一定就是每个人都得听从的人。这个领导者大多是每个人都与之谈话的人。你可以通过注意他们有多喜欢和你说话来衡量自己在这个群体中的地位。如果没有人对你说话，那么你在那里并不吸引人，反之亦然。

问题在于，如果你想得到你心仪对象的关注，就必须先被整个群体接受。如果你需要改善你的地位，试试先和那些注意到你的人说话。不要浪费时间去和那些没有听你讲话的人套近乎，否则你有可能遭遇尴尬。在这种情况下，你最好更多地和那些已经在听你说话的人互动，从内部逐渐攻破整个堡垒。

在群体中，同样的原则也适用于你和某个人的单独对话：你无需评论每个人说的每句话，或者一直炫耀你的博闻广识，即便他们对此印象深刻，这不会提升你的价值。相反，你会变得过于做作，最糟糕的情况下，你有可能被当做全知全能者或者大嘴巴而遭到驱逐。

No. 147
先诱惑群体

如果你的调情对象和一大群人待在一起,你必须得把她和那群人分开。不和她单独相处,你是采取不了任何行动的。但是,如果过早地想把她和她的朋友们分开,就会使她的朋友们对你产生敌意,并保护她们的朋友。她们会开始谈论你不认识的人,或者说一些你听不懂的内部笑话,所有这些都是为了排斥你。

为避免这种事发生,你必须在和心仪对象独处之前先和整群人交上朋友。在你赢得她们的友谊之前,你不要表现出对其中某个人有特殊兴趣。和她们每个人都说话,或者至少和其中大部分人说话,对她们都展示出友好。向她们表明你是个有趣的人,而不是个威胁。切记不要变成以和其中某一个人交流为主,即便那个人正是你心仪的人。向他们表明你不是那样的人,对群体中的每一个人都保持开放的态度,不论其性别如何。

一旦你向群体证明了你的价值之后,他们就会接受你,从而不会介意你想和其中某一个人单独相处。因为你已经变成了他们的朋友,而不是试图偷走他们朋友的陌生人。现在,你们俩得到了朋友们的真诚祝福来单独相处了。

额外提示

> 通过先和整个群体交上朋友,你也有机会看清他或她都和什么样的人交往。他们都是脱衣舞男还是电脑工程师?这一信息也有助于你了解你想与之艳遇的对象是什么人。

第十一章

神奇的电话号码

怎样拿到对方的电话号码,拿到了以后又该怎么做

No. 148
给出，你就会得到

让我们假设，你碰到了一个让你的心怦怦直跳的人，一个你想再见到的人。但是他为什么要给你他的电话号码呢？

简单。

因为你已经给了他你的电话号码。

在你告诉他等你有了更多时间想和他多聊聊之后（运用前面讲过的设置时间限制的技巧），你把你的电话号码写下来给他。在你这么做的时候，你也递给他一张纸条，或者为什么不同时递给他你刚刚用过的纸和笔呢？心理学研究表明，在得到别人给的东西之后，我们必须有所回馈。如果你给了他你的电话号码，他就得眼也不眨地给你他的电话号码。而你给他电话号码就等于在向他表示你信任他，这也会促使他以同样的方式回馈你。不然的话，你们之间的平衡就会打乱。而他不想这样，因为你们之间已经建立起了令人愉快的联系。

No. 149
写下来变得更真实

当有人要告诉你他的电话号码时，不要犯那种你自己记录那个电话号码的错误，而是要让他自己来写下电话号码。在这种情况下，写下号码这个动作能起到非常有效的心理作用。

当我们写下刚刚还在想的事情时，我们突然觉得自己比以前更确定那件事了。相互打电话联系如果只是一个想法的话，他可能会改变想法。但是他一旦写下了自己的电话号码（这等于书面允许你给他打电话），想法就变成了事实，而他也期待这一事实的发生。当我们写下来时，我们的想法就变得更真实，但我们得自己写下来才行。

此外，通过使他自己写下来，你也在你们的关系中对他施加了影响（毕竟，他可以写成任何他想写的）。由此建立的信任会使他觉得把电话号码给一个陌生人没那么可怕。

No. 150
你需要一个理由来打电话

光说"让我们保持联系"并互相留下电话号码是不够的。你还需要**一个理由**来保持联系,比如:你想知道那个派对的具体安排,或者约定共进晚餐的时间,或者把那家小剧院的地址告诉他,或者你整晚都试图记起来的那个作家的名字。

确保你打电话是为了获得某个具体的信息。在理想的情况下,这个信息最好是跟你们上次见面时谈到的事情有关。比如,继续谈论上次被打断的关于中西部奇怪的养蜂人的故事,就是一个很好的理由。由于你有一个真实的理由来打电话,一个对方也关心的理由,她就会给你她的电话号码。"我真得走了,但是我会查一查并打电话告诉你真实的情况的。你的电话号码是多少?"

No. *151*
选项：交换手机号码

　　如果你能从你们的言谈中发现你们彼此信任，相处融洽，或者你们甚至已经开始捏对方柔软的身体部分，那么你可以直接跳过递纸条互留电话号码的步骤，而直接让他把他的电话号码输入你的手机。

　　输入完成之后，在你把手机拿开之前立刻呼叫他的电话号码。这是一个迅捷、文雅地告诉他你的电话号码的方式。同时，你也悄悄地确定了他给你的号码是不是对的！

　　请他把你的号码添加到通讯录，向他解释说你想让他知道你是谁，以及什么时候会打电话给他。你肯定不希望他过几天因为看到是陌生号码的来电而屏蔽你的电话吧。

No. 152
递名片

有时候问对方要电话号码是不合适的，这取决于你和对方已经进展到什么程度，你们有哪些同伴等情况。

在这种情况下，你需要做的就是问他是否有名片（这需要你自己也有名片）。当你这么提出的时候，你伸手掏向自己的口袋，暗示你希望和对方交换名片。但是你必须要等到对方也打算做同样事情的时候才能递出自己的名片。不然的话，你恐怕没能拿到他的名片，而只给了他你的名片。

当你拿到名片时，花几秒钟读一下名片，然后再收起来，以显示出你的赞赏。如果你立刻随手把名片放进口袋里，那就会显得你好像又得到了一件战利品一样。

在以这种方式表示你的赞赏或感激的同时，你也有了机会确定名片上是否有你想要的联系方式。如果名片上遗漏了什么重要的信息，比如邮箱地址或者电话号码，你可以提出来。"你有手机号码好让我以后联系你吗？"在这样的情景下，这个提问看起来是完全自然的。

额外提示

另一个可以适用于任何情况的选项，就是不要费心去获得任何号码或名片。相反，你只需和对方约定再次见面的时间和地点。和别人约会却不问对方要电话号码，会使你显得很自信。但这也有点像赌博，你有可能最后真的和对方再也联系不上了。但有时候，这种自信有助于使你清楚地表达出对对方的认真。如果再次见面时她现身了，你就会知道她对你也有点感兴趣。如果没有现身，那就不是。

No. 153
不要在得到电话号码后马上离开

当你设法得到对方的电话号码后,并不意味着你们的见面就结束了。太快地离开会使你的意图过于明显,甚至有可能使你前功尽弃,于是你不能指望当你给对方打电话时对方会理你。

在你得到对方电话号码之后,唯一合适的离开的时机就是出现了你不得不走的理由——尽管你很想继续留下来。如果你找不到这样的理由,你就应该再多和对方待一会儿。

你不能让对方觉得,在前半个小时内你之所以如此有魅力、风趣,只是为了最终得到她的电话号码。得到她的电话号码必须看起来对你并不重要,就好像交换号码纯粹是一个巧合。

如果你没能得到对方的电话号码,你也应该以同样的方式结束见面,不要立刻转身就走。

当你们最终道别后,在10分钟过后给她发一条短信,让她知道你和她见面很愉快。短信要简短愉悦,不要提及你们什么时候再见面,或者什么时候你会打电话给她。你们已经对那些达成了默契,所以无需多说。

No. 154

多久打一次电话

在得到电话号码之后,最重要的问题总是这个:你得等多久才打这个电话?在那之后,你又应该多久打一次电话?

并不存在两三天这样通行的时间标准。答案是应该因人、因情况而异。

如果你没能在上次见面时创建出强烈的相互联系,那你就应该更早一点儿打电话。不然的话,你就有被她忘掉的危险。如果你觉得你们上次见面时彼此留下了很好的印象,那就随你喜欢选时间给她打电话——她是不会忘了你的。

记录下对方的交流方式,并调整自己适应那种方式。如果她很热情,看起来很喜欢你,那么你可以很快给她打电话,如果你喜欢的话。如果她看起来很谨慎、比较保守,那么你装酷一点可能是个好主意。这些原则同样适用于你们已经打电话联系过后。你会得到非常清楚的信号,表明你应该多久给她打一次电话。适应她的行为,经常或者较少地跟她联系。我理解你,你可能担心因为没有经常给她打电话而失去她,但是一个需要更多空间的人会觉得你一周打一次电话是一种纠缠。

如果你听从我的建议,与对方产生了彼此的吸引和良好的联系,向她展示了你的价值,那你就没什么好怕的。与其让她感到窒息,不如让她想念你。

额外提示

实际上,很容易避免要等多久才打电话这种困扰。你只需让他知道你什么时候会联系他就行了!"很好,我星期四会打电话给你,到时我们再好好聊聊。"于是,你不需要再数天数,也不需要再为此感到苦恼了。

No. 155
在电话里说什么

让我们假设你打电话给他……他也在电话那头回应了你。很多人此时都会舌头打结,你该说些什么呢?他还记得你吗?

首先,**你要留下信息**。大部分人的电话都可以留言,如果他看见你打来电话,但却没有留下信息,那就会使你看起来有点像胆小鬼。而胆小鬼是交不到好运的,这是常事。

留下信息说明你找过他,但他当时不在。你接下来几个小时会非常忙(或者你要去做任何事情),但是你会再打电话跟他联系。或者,你可以祝他度过一个愉快的周末,而不说什么时候再去见他。

告诉他你会在一定时间内和他联系,或者不要提再次谈话,你就继续控制了局面。你可以在你喜欢的时候给他打电话。同时,你也鼓励了他给你打电话,因为你暗示了你很难联系上。当你明显地表现出给他打电话与否对你来说并不是什么要死要活的大事时,可得性法则就开始起作用了,而你甚至不需要做什么就能达到目的。

不论你做什么,**不要**让对方给你回电话。如果你那么做了,就把自己绑了起来。于是,他是否给你回电话就变成你为之心神不宁的事情了。他会给我回电话吗?什么时候?现在吗?不,现在没有。也许他现在很忙。他晚些时候会打给我的。上帝呀,他为什么不给我打电话?他是不是已经有喜欢的人了?

最糟糕的地方是你还不能自己给他打电话,因为是你先要求对方给你打电话的。如果你给他打了电话,你就会把自己的绝望展现无遗。

No. 156
不要让其他事物来分散她的注意力

当你最终和她在电话上讲话时,你希望她能专注地和你讲话。她一边看《绝望主妇》一边和你讲话,或者他一边试穿牛仔裤一边和你通电话,都是你不愿意看到的。

我理解你因为终于和对方通上电话而激动不已,但是不论你怎么做,你这样也等于让对方知道了你是如此渴望他的垂青,以至于不会介意对方在和你说话时还一边看电视或者试穿商场里面的打折牛仔裤。

相反,你应该请她中止她手头正在做的事情一会儿。如果她没有那么做,你就应该告诉她你1小时后再打来,等她把手头事情做完。请别人中断一会儿并不是不礼貌的事,只要你解释清楚你的电话只需要花几分钟时间。大部分人都不会介意停下来专注地交谈5~10分钟,只要他们知道过后仍然能继续做手头的事情。

同时,只要求讲几分钟,也等于设定了她能和你说话的时间限制,这样的对话比在她不知道你什么时候会挂电话的情况下要有趣得多。

当然,你不一定要设置时间限制。毕竟,这由你自己决定。你当然可以爱讲多久就讲多久,只要你们双方感觉很好。

额外提示

当你在讲话时,你可以提起你们上次见面时的事情来显示出你的兴趣。打电话询问上次的会面怎么样(而不是仅仅问对方近来怎么样)表示出你在倾听,你记得并关心对方的生活。如果你需要写下一些提示来帮助你记忆,那就写下来。如果你在打电话时过度紧张以至于忘了要说什么,这些提示就可以帮上大忙。

No. 157
打手机的好行为和坏行为

要当心一些可疑的打手机行为,尤其是当你们俩单独相处的时候。下面这些行为都是不好的:

- 当手机响了以后到阳台或另一个房间去接电话。
- 每当手机在桌子上震动时就满脸愧疚。
- 总是清除所有的短信和最近的通话记录。
- 进浴室洗澡的时候也带着手机。

这些意味着可能有一些短信和电话是不希望被你看到的。不要期望与表现出上述行为的人保持长时间的关系,而如果是你自己表现出这些行为,那你就得准备好向对方好好解释一番了。就是这样。

现代的生活方式期待我们 24 小时都能被找到。如果手机在午餐前就没电了,我们很容易就陷入恐慌。如果你希望赢得对方的尊重,表现出很认真地对待对方,那么你最好在见面时把手机关掉一会儿。关掉手机,除了和你在一起的人以外,其他任何人都找不到你,这通常能激发出对方强烈的情感反应。它发出了非常清晰的信号:此时此刻,他或她对你来说最重要。

而由于你在做这件事时不用说一句话,所以你永远不会显得高调。

第十二章

约 会

在约会时怎样表现以及最终交上好运时该做什么

No. 158

不要优柔寡断

你想显得果断，而不是优柔寡断，这意味着你应该试着避免矛盾的表达。每当你说"也许"、"可能"、"嗯，为什么不呢"、"如果你愿意的话"、"我猜也是"等话时，你就戳自己一下。

不要优柔寡断，这条法则适用于很多情况，当你谈论再次和对方见面时，它甚至更加重要。如果你运用了一些表达犹豫的词，你就会显得对自己的意图和观点游移不定。如果你想和对方进一步发展的话，你就不应该显得犹疑不决，即使你实际上真的如此。相反，你应该用清楚积极的词汇，比如"绝对"、"当然"、"正是"、"对"或者"那么1小时后再见"，等等。

这也意味着你控制着对话，你能够控制局面不往下滑。最糟糕的事情莫过于你一直嘟哝犹豫着你们下次应该在哪里、怎样和什么时候见面。最后，即使你们还能再见面，你们也会在这之前弄得疲惫不堪。

相反，采取主动，**约定下次的见面**。如果他那天或者那个时候没空，那就改约其他时间，但是改动次数不要超过一次，你不想让你们的谈话陷入具体细节的商定吧。我们天性懒惰，这使我们很容易被那些果断决绝的人所吸引。

人们喜欢由别人来替他们做出决定，向人们展示你具有这么做的能力。

额外提示

如果对方说了推托和矛盾的话，这可能意味着他在给自己找借口。"对不起，我有点事，我告诉过你我可能没法去。"你不应该接受这样的托词。如果他不能下决心，你就应该以友好的方式让他知道他最迟必须在明天之前做出决定。如果他不能，那么你就还有其他的计划，你值得与更好的人交往，而不是浪费时间在对你犹豫不决的人身上。

No. 159
不要请求约会，而要建议约会

当是时候约定第一次约会（我觉得你在和她谈论这件事时最好避免使用这个词）时，不要**问**她是否愿意再和你见面。

你可以**建议**你们再次见面。这两者是有区别的。一个可以被简单的一句"不"来回答的问题会使你显得有些无能，因为你把你们下次是否再见面的责任全都交给了对方。勇敢的人总是勇于承担责任的。

以"你愿意……"、"我们可以……"、"除非你要忙其他事情……"等句子作为开头来提问，会非常不安全，因为你在突然间请求她的允许。

你最好表明立场，提出建议，而不是提问。建议你们下次见面的时间和地点，比如，"嘿，我们应该多聊聊。我们星期天一起到克拉瑞安酒店吃早午餐吧。"这样，你不是在问她想做什么，你是在建议**你**希望你们俩做什么。

和前面一样，你既要清楚地表示出你想和她再次见面，也要清楚地表现出即使她那天不能和你见面也不是你的世界末日。如果她说不，你的生活依然如常。如果她想见你，但是星期天对她不合适，那么她会建议换一个时间。如果你不能决定再次见面的时间，那就迅速结束你们那部分的谈话。你瞧，这是一个非常好的交换电话号码的机会：你将给她打电话约定下次见面的时间。

No. 160
午餐时间的限制

在午餐时间约会非常常见，我在本书前面也这么建议过，但是午餐时间的确不是个约会的好时间，这也是午餐约会让人感觉相对安全的真正原因：午餐结束时，约会也结束了。因此，午餐约会会阻碍你把关系推进到更为亲热的下一步。

你无法在午餐后做什么激动人心的事情，因为午餐后根本就没有时间。

如果他必须在40分钟以后赶回银行上班的话，你是无法把短暂的午餐时间变成销魂蚀骨的冒险的。而邀请刚刚认识的人在午餐时间见面也比邀请他周末相会容易得多，但是你们的关系也会停留在一起吃午餐前的水平。如果你希望能发生什么美事的话，就不能停留在这样的水平上太久。

No. 161
美妙约会的诀窍

你是不是想不出你们约会的好地方？一个好提示就是至少每天要知道发生在周围的一件趣事。浏览你们的本地报纸，看看当天发生了什么，在你的手机或日记里记录下来，以便你随时做好准备。下一次有人问你"嘿，你想做点什么"时，你会感谢自己做过这样的准备。

但是，如果你周围最近发生的唯一的事情就是星期二举行的疯狂的高尔夫球比赛，如果你想不出其他主意，如果你们约会地点所在的甜甜圈店自从那个糊涂家伙接手经营后，卖的甜甜圈吃起来竟有股霉味儿……你又该怎么办呢？

好的约会不一定要新奇无比。它可以是各种形式的，只要遵循了以下这些原则：

- 你们俩在一个彼此都感到安全的地方。
- 你所做的是你们俩都喜欢的（而不是只有你自己喜欢）。
- 约会地点应该是你们可以说话的地方，如果在你们一起玩的时候不能说话，也要在玩过之后找个说话的地方。
- 可能的话，约会地点应该有点与众不同。

No. *162*
不要谈论钱

如果你在餐厅里和约会对象待在一起,到了该付账的时候,你永远不要把账目分得一清二楚。我的意思不是说应该全部由你来支付,建议AA制未尝不可,重要的是不要开始谈论如何分着付账。因为正当你们甜蜜相处的时候突然收到了一份账单,使你们突然间意识到你的约会花了你这么多钱,而再也没有比知道一个人(包括你自己)花了多少钱来度过美妙时光更不浪漫的事情了。约会是一种社会性交往,而不是花钱买日用品,当心不要把约会当成商品。

如果你开始谈论钱,你就在给约会对象标价,这会导致你们的关系倒退甚至毁坏殆尽。你能最终交到好运的机会突然被以某种经济方法来计算,而这种计算很少能帮助你交到好运。

如果你大声说出所费不菲,但仍然全部由自己一人来支付,你就等于在给约会对象施加不必要的需要她回馈你的压力,就好像她刚刚收到了一份你送的昂贵的礼物一样。很多人以为告诉别人他们花了多少钱,会让别人觉得他们很慷慨。但实际上,他们只会显得无可救药。真正慷慨的人是不会对自己的付出大惊小怪的。但是,正如我说过的,AA制也未尝不可,只要你们不需要讨论账单上的数字。

No. 163
小而体贴的礼物胜过大而昂贵的礼物

你们已经一起出去约会了好几次了。你的风趣一直给她带来惊喜，但现在你已经黔驴技穷了。同时，你又想让你们之间的火花继续闪烁。在这种情况下，一个典型的策略就是开始送礼物。

然而，礼物也能引起问题。

如果你送了一份太贵的礼物，她会感到些许压力。天下没有白得的礼物，她接受礼物时多少会觉得有压力，而你们以前的有趣经历也会变得充满企图。

如果她在知道你喜欢她之后收到你的礼物，而她又还没决定要不要和你深入交往的话，事情还会变得更复杂。

解决办法在于：不要送大而昂贵的礼物，送她一些小而体贴的礼物。比如，下次你去她家拜访时带上一袋她喜欢吃的糖果，趁她不注意时把她最喜欢的歌输入她的 iPod，在你们一起散步时给她买一瓶水。你最好是做细致体贴的人，而不是用礼物来轰炸她的人。这既能让你们的关系持久，也能让你少花很多钱。

No. 164
不要过早送私人性质的礼物

即使你没有送大而昂贵的礼物，你仍然可能在不经意的时候给对方带来压力。一些小礼物，如果它们具有特殊的历史背景，或者它们对你个人而言有着特殊价值的话，也会给对方带来巨大的心理负担。不要送他出乎他意料之外的具有特别象征意义的礼物。你必须对你们俩现在的关系处在什么阶段保持清醒。

不要在你们第一次见面时把你妈妈的幸运币送给他，不要把你两岁女儿做的别针别到他的衣服上，不要在第一次约会时就送他原音质的CD。这些礼物固然很好，但对他们而言送得太早了。

同时，不要太过频繁地送她礼物，以至于她应付不过来。记住，要给她机会回馈你！（如果你不知道我在说什么，翻到前面几页看看。）送她紫水晶以和她的眼睛相匹配固然很酷，但每次见她都送礼物就会显得太夸张了。

记住，人们很容易显现出急于得到他人的承认。如果你陷入了这种状态，那可是你绝不想看到的。

No. 165
你的行为影响你的情感

在送礼物上有一个小小的警告。一旦你开始给某个人送礼物，不论是送小礼物还是大礼物，这一行为都会对你自己的情感和行为模式产生影响。当你宠爱某个人时，你会开始为自己为什么那么做寻找理由。最明显的理由就是"她值得我这么做"！而你在她身上投入的金钱、精力和情感越多，你就越确信她值得你这么做。我是说，如果她不值得，你就不会这么做了，不是吗？

于是，通过给予你的约会对象礼物和爱情，你同时也在促使自己比以前更喜欢她。她甚至不需要做任何事来配得上你的崇拜，你自己就已经说服了自己。

因此，有些人认为你根本不应该送礼物，而最好是让别人给你送礼物。让别人去确定她有多喜欢你，而不是反过来。

就我个人而言，我认为细心体贴的礼物和行为都很好。只要你确保你的付出不远远超过她对你的付出，你们之间的浪漫关系保持了平衡。

No. 166
第一次接吻

　　我不会对这个说太多,一旦你们已经进展到这一程度,你自己都知道该怎么做了,但是我仍然有一些提示。

　　最主要的问题,亦即事情进展不顺利的头号原因,就是你想从谈话阶段直接进入到亲热阶段。于是,你会花大部分时间来担心如何让这样的事发生。

　　你知道,如果你试图过早地亲吻她,她会把你推开(或者在她逃开时一拳打到你的鼻子上并让你撞到墙上)。但你也知道如果你亲吻得太晚,同样的事情也会发生。那么,该怎么做呢?不是现在,那是……什么时候?

　　这里并不存在时间早晚的问题,问题在于你想一步登天。当你担心如何达到最终目的时,你错过了整个过程,包括产生吸引力、和你眼前的这个人建立有意义的联系,等等。

　　在谈话和亲热之间的界线可能是无形的,一切都可能在瞬间发生。但是整个过程从来不可能一步登天,它是由很多小步骤积累而成的……本书就介绍了这些小步骤。如果你跳过了其中很多步骤,那么你的步伐就迈得太大,也就不大可能交上什么好运。

No. 167
通过触摸逐渐升级

寻找第一次接吻的恰当时机之所以是技巧性的另一个原因，就是突然身子前倾去吻某个人总是令人感觉怪怪的。而实际上，这确实也是怪怪的。

至少你那么做会让人感觉奇怪。

即便你们已经产生了相互吸引、在调情中运用了可得性法则，相互展现了彼此的价值，建立了亲密的联系，试着去吻她也会像去打破一个看不见的障碍那么难。这看起来如此困难，以至于你不敢采取行动，哪怕你意识到现在正是时候，并且周围的情境也再合适不过，但你仍然永远失去了她。

如果这种结局发生在你身上，那么你很有可能忘记了一件非常重要的事情：**尝试相互的触摸**。当你在加强你们之间的联系时，同样重要的一件事就是逐渐增加你们相互触摸的次数。

从手指在手臂上的轻拂，到手挽手、手牵手地走路，到摸脸蛋儿，到拥抱……如果已经发生了这样不断的升级，那么接吻对你们俩来说就不算是大跨步了，它只是你们俩身体接触的水到渠成的下一步。

No. *168*
对勇敢者的重要提示

如果你很勇敢，觉得时机已经到了，你可以试着身体前倾和对方亲热。你可以试着在说话过程中这么做，给他或她一个惊喜。

这需要一些试验，它能不能奏效取决于你自己和对方的性格，以及你们之间的联系现在已经强烈到什么程度。

不论你选择什么样的策略，你的言行应该始终如一，清楚而肯定地表达出你的意图。

不要坐在那儿忧心忡忡地想现在是不是最佳时机。抓住此刻的机会！如果你没有，那么显然你还没有下定决心，而你也有可能由此坏了整件事。"噢，我想她试着要吻我。我真的想要和她接吻吗？现在这么做有点奇怪。她能快一点做出决定吗？这样事情就不会显得这么奇怪了……"

大胆去做吧。

感谢你拥有的新的改进了的态度，你知道，即使你抓住机会的大胆行动遭到了拒绝，也总比永远也不采取行动要好。

结　　束

很多人被引入误区，以为必须喝酒壮胆或者长得像《花花公子》上的模特儿一样漂亮才能成功地谈恋爱。当然，如果你真这么做，你会引起一些肤浅的关注，但是即刻的欢愉和满足是不会持久的。

漂亮的外貌和发达的肌肉都是静态的特征，它们很快就会失去对我们的影响力。本书已经告诉了你很多技巧来超越这些。

每个人迟早都想和某个人建立起更深的关系，我们渴望深入和激情。你应该做的最重要的事情就是，借由你刚刚学到的如何产生吸引力、如何与人交流、建立联系并最后亲热的技巧，证明你能做到这些。这些会使你比喝酒壮胆或者长得漂亮更为有趣。

但是——

所有的捷径到此为止，只通过阅读是不可能掌握好社交技巧的。正如发生在真实世界中的每一件事一样，这些技巧也需要练习、练习、再练习。有些事物几乎不可能用语言来表达，比如，如何判断应该设置时间限制，或者怎样察觉气氛的改变。我已经尽力来解释这些，但是没有任何一种解释能够比得上你的真实体验。在本书中，我尽量做到简短清楚，但书中一些看似琐碎的技巧一旦变成你的真实体验，就会使局面产生完全不同的改观。

与人调情的艺术实际上看起来不会像我写的那样富于技巧性，如果你以为真是那样，那么我很抱歉给你带来了某种误导。但这也是一件好事，从相互吸引、到建立联系、再到温情的拥抱，你的调情过程更像是一种艺术而非科学。你从来不会真的知道接下来会发生什么，这正是令人激动的地方。有些事情进展得不如你意，但没关系。只要你拥有正确的态度，就不会存在失败，只有不同的结果。而正是从事情不尽如人意的地方，你才能学到新的东西。

此外，所有最好的艺术作品都存在某种瑕疵或缺陷，完美无瑕实际上是相当乏味的。如果为了从彼此那里得到我们想得到的，而用精确的方式来量化和计算我们应该怎么行动，那我们会把彼此弄得乏味至极。

本书提供的建议都是行之有效的，但也不要盲目地遵从这些建议而失去了你的自我。因此，现在把这本书放到一边去吧，是时候出去走走看看会碰上谁了。

因为，如果你总是待在室内看这本书，你是永远不会交上好运的……

拥抱你，亨利克·费克萨斯
2009 年 7 月

图书在版编目（CIP）数据

读爱术：人人都能走桃花运／（瑞典）费克萨斯著；冯杨译.
—太原：山西人民出版社，2012.7
ISBN 978-7-203-07799-2

Ⅰ.①读… Ⅱ.①费…②冯… Ⅲ.①爱情－通俗读物
Ⅳ.①C913.1－49

中国版本图书馆CIP数据核字（2012）第140150号

版权合同登记号　图字：04－2012－011

读爱术：人人都能走桃花运

著　　者：亨利克·费克萨斯（瑞典）
译　　者：冯　杨
责任编辑：贾　娟
选题策划：北京汉唐阳光

出 版 者：山西出版传媒集团·山西人民出版社
地　　址：太原市建设南路21号
邮　　编：030012
发行营销：0351-4922220　　4955996　　4956039
　　　　　0351-4922127　（传真）　　4956038（邮购）
E－m a i l：sxskcb@163.com　发行部
　　　　　sxskcb@126.com　总编室
网　　址：www.sxskcb.com

经 销 者：山西出版传媒集团·山西人民出版社
承 印 者：北京市通州兴龙印刷厂

开　　本：787 mm×1092 mm　1/16
印　　张：14.25
字　　数：170千字
印　　数：1－15000册
版　　次：2012年7月　第1版
印　　次：2012年7月　第1次印刷

书　　号：ISBN 978-7-203-07799-2
定　　价：28.00元

如有印装质量问题请与本社联系调换

Everyone Gets Lucky

Henrik Fexeus

The Publisher shall take all steps necessary to protect the Copyright in the Work and shall print the following Copyright Notice in the preliminary pages of the Work. © Henrik Fexeus 2010 by Agreement with Grand Agency and Andrew Nurnberg Associates International Limited.